이 책은 재미있다. 그 재미는 저자의 발칙한 상상력에서 나온다. 저자는 신학적 상상력을 통해 성경의 역사와 사건 속으로 들어간다. 그러나 그 상상은 허무맹랑한 공상이 아니다. 저자의 상상력은 신학적 근거를 바탕으로 생동감 넘치는 이야기를 이끌어 낸다. 저자가 펼쳐 내는 바울의 일기를 읽으며 우리는 바울의 한 걸음 한 걸음을 따라가게 되고 그의 신앙과 기도를 만난다. 그 걸음에 접근하는 방식은 과하지 않으며 신학적 거리를 잃지도 않는다. 이렇게 목회자이며 선교사였던 바울의 모습이 극대화되면서, 어느새 우리는 바울과 함께 움직이고 결단한다.

김호경 『예수가 하려던 말들』 저자

재미있는 상상력이다. 바울이 일기를 썼다면 어떤 내용이었을까? 1세기 마케도니아의 도시를 걸었던 바울의 시야에 들어온 사람들의 모습, 그들의 힘겨운 삶이 만들어 낸 표정을 그려 낸다. 그 생활의 체취가 느껴질 정도로 초대교회 현장을 생생하게 구현해 낸 상상력이 돋보인다.

'상상의 날개를 펼치다'라는 말이 있지만 이 책은 그 날개를 마음껏 펼치지 않는다. 오히려 엄밀한 텍스트 읽기와 역사적 지식으로 스스로 자유를 제한시킨다. 엄정한 제한을 설정해 놓고 사료의 빈 공간을 상상력으로 채워 가는 일은 힘겨운 싸움이다. 저자의 해박한 지식이 싸움의 훌륭한 도구이지만, 이 싸움을 끝까지 수행하도록 한 힘은 저자의 선교적 열정에서 나온 것으로 보인다.

이 지식과 열정이 합쳐져 우리를 바울의 내면으로까지 이끌어 간다. 우리는 이 책에서 쉽게 흔들리고 고민하는 한 인간이, 자신이 전한 예수의 이야기를 통해 여태껏 세상에 존재하지 않았던 매력적인 공동체가 탄생하는 광경을 목격하고 '사도'가 되어 가는 이야기를 만난다. 이 책은 문자에 갇힌 바울을 해방하여 우리와 같은 삶을 살았던 한 인간으로, 우러러볼 위인이 아니라 친근하게 동행하는 사람으로 독자 곁에 데려올 것이다.

박영호 포항제일교회 담임목사, 『우리가 몰랐던 1세기 교회』 저자 편지는 저마다 보내는 이의 냄새를 담고 있게 마련이다. 누가 어떤 마음으로 썼는지에 따라 편지는 아버지의 따스한 포옹이 되기도, 스승의 애정 어린 쓴소리가 되기도 한다. 누군가의 숨결이 느껴지지 않는 편지는 낯선 이가 보낸 스팸 메일과 다르지 않을 것이다. 달리 말하면, 편지를 읽는다는 것은 사람을 마주하는 일이고, 하나의 인격으로서 그 사람을 오롯이 받아들이는 일이 아닐까 생각한다. 『바울, 마케도니아에 가다』는 바울을 비로소 한 명의 '사람'으로 마주하도록 도와주는 책이다. 현대 신약학 연구의 결실을 일기 형식으로 빚어낸 이 책을 통해, 바울은 땅을 딛고 더운 숨을 내쉬며 살았던 한 인간으로 우리 앞에 선다. 전해 들어 알던 바울이 아닌, 바울 스스로 기록하는 내밀한 이야기가 궁금한 모든 이에게 이 책을 추천한다.

장민혁 유튜브 '오늘의신학공부' 운영자, 오레브미디어 대표

바울, 마케도니아에 가다

IVP(InterVarsity Press)는
캠퍼스와 세상 속의 하나님 나라 운동을 지향하는
IVF(InterVarsity Christian Fellowship)의 출판부로
생각하는 그리스도인을 위한 문서 운동을 실천합니다.

바울,
마케도니아에 가다

1세기 사회·문화 연구로 구현해 낸
가장 사적인 바울의 기록

정은찬

Ivp

차례

들어가는 글 바울의 목회, 선교, 삶을 재구성하며   9

1부 마케도니아로 가는 험난한 여정 ——— 17

1장 선교의 '어두운 밤' ——— 19
말씀으로 한 걸음 더 1 험난한 선교 여행 ——— 40

2장 일상을 가로질러 종말로, 종말을 가로질러 일상으로 ——— 51
말씀으로 한 걸음 더 2 종말과 일상 ——— 80

2부 빌립보에 가다 ——— 91

3장 빌립보 교회의 현재와 미래, 여성들 ——— 93
말씀으로 한 걸음 더 3 초대교회 여성들을 기억하며 ——— 114

3부 데살로니가에 가다 — 125

4장 하나님의 새로운 가족 — 127
말씀으로 한 걸음 더 4   하나님의 새로운 가족 — 151

5장 관계의 해체와 재구성 — 159
말씀으로 한 걸음 더 5   사랑과 고난 — 179

후일담: 데살로니가 교회에 보낼 편지를 준비하며 — 187
말씀으로 한 걸음 더 6   데살로니가전서의 전체 구성 — 194

일러두기

본문 성경 인용은 새번역 성경을 사용했고, 다른 번역을 사용한 경우에는 역본을 밝혔습니다.

사진 판권

58면	ⓒ Matthias Kabel/ Wikimedia Commons/ CC-BY-SA-3.0
96면 위	TheBiblePeople/ Shutterstock.com
128면	frantic00/ Shutterstock.com
194면	ⓒ Sailko/ Wikimedia Commons/ CC-BY-SA-3.0

65, 94, 96 아래, 100, 108, 136면   ⓒ 정은찬

들어가는 글

바울의 목회, 선교, 삶을 재구성하며

"목회자 바울, 선교사 바울, 인간 바울은 어떤 모습이었을까?" "바울이 일기를 남겼다면 어떤 내용이 담겼을까?" 이 글은 이렇게 상상력을 자극하는 두 가지 질문에서 시작되었다.

보통 사람들은 바울을 어려운 신학 주제와 씨름한 신학자로 생각하곤 한다. 틀린 생각은 아니다. 실제로 바울은 예수님의 죽음과 부활, 죄, 악, 죽음, 아담, 세상의 권세, 이스라엘, 묵시, 주님의 날, 구원, 복음, 칭의, 하나님 왕국 등 굵직굵직한 개념들을 각 교회에 보낸 자신의 편지에 자연스럽게 녹여 냈다. 바울의 편지를 주석하여 이런 신학 개념들을 조화시키고 설명하는 일은 매우 까다롭다. 그래서 수많은 바울 학자가 바울의 말을 선명하게 이해하고자 끊임없이 서로 논쟁하며, 다양한 연구를 쏟아 내고 있다.

이리도 어려운 일에 많은 사람이 헌신하고 있지만, 바울 서신에 드러난 바울의 목회적·선교적 관심과 활동은 비교적 최근에야 본격적으로 연구되기 시작했다. 특히 바울 학자들은 꽤 오래 이 주제를 사도행전 연구가들에게 미루었다. 이 사실은 바울을 연구하는 사람으로서 못내 아쉬운 지점이다. 사도행전에 나타난 바울의 선교적 관심과 활동이라는 뼈대에 바울 서신에 대한 꼼꼼한 주석적 연구가 살로 덧붙는다면 어떨까? 바울 서신에 담긴 다양한 신학 개념에 사도행전이 보여 주는 바울의 생생한 행적이 덧붙는다면 어떨까? 이런 방식으로 그려 낸 바울의 모습은 그의 신학과 사역을 입체적으로 이해하는 데 큰 도움이 될 것이다.

바울은 편지를 썼다. 논문을 쓴 것이 아니다. 실제 존재했던 교회와 성도들에게 편지를 썼다. 그리고 바울의 목회와 선교는 그의 편지를 지지하는 큰 기둥이다. 편지에는 사적이고 구체적인 내용이 담긴다. 바울의 편지들도 예외가 아니다. 바울 서신에는 살아 숨 쉬는 사람들과 교회의 이야기가 담겨 있다. 바울은 성도들의 실제 삶, 문제, 고민, 갈등 앞에서 편지를 써 내려갔다. 그들의 필요와 상황에 응답한 것이다. 이것이 목회가 아니라면 무엇일까? 만약 그렇다면, 바울의 목회를 빼놓고 그의 편지와 신학에 대해 논하는 방식이 옳을까?

바울은 도시마다 교회를 세운 선교사이기도 하다. 그는 학교를 세우지도, 학파를 형성하지도, 철학 이론을 정립하지도 않았다. 그는 넓은 지역을 종횡무진 누비며 복음을 선포했고 교회를 세웠다. 이것이 바울의 첫째가는 관심사 중 하나였다. 무척이나 당연한 이야기다. 그런데 이 당연한 이야기를 마음속에 두지 않은 채 바울의 편지를 읽고, 묵상하고, 주석하는 경우가 왕왕 있다. 카페에 마주 앉아 상대방이 평생 헌신하고 가장 관심을 가졌던 주제에 관해서는 대화하지 않으려는 상황과 마찬가지다. 그렇게 한다면, 상대방의 생각과 삶을 더 잘 들여다볼 기회를 놓치게 되는 것이 아닐까?

또한 바울은 사람이다. 이상한 말처럼 들리겠지만, 이 중요한 사실을 우리는 이따금 잊어버린다. 우리가 바울을 마주할 때, 그의 편지를 읽을 때 우리의 시선은 지나치게 높은 곳을 향한다. 물론 바울이 위대한 인물이지만, 우리가 섬기는 신은 아니다. 그런데 종종 그리스도인들은 바울을 신격화한다. 마치 허기조차 느끼지 못하는 사람인 것처럼, 땀 한 방울 흘리지도 지치지도 않는 사람인 것처럼, 고통이나 괴로움 혹은 미움 같은 감정이 하나도 없었던 사람인 것처럼, 실패나 좌절은 경험하지도 않은 사람인 것처럼, 주저하거나 고민한 적 없이 확신에 차 한 치의 흔들림도 없었던 사람인 것처럼 그를 생각하곤 한다. 실제로 바울을 신들의 전령, 곧 헤르메스라 여겼던 사람들이 있었다. '루스드라'라는 지역의 한 무리가 그랬다. 그들은 바울을 성문 앞으로 데려가 그에게 제사를 드리고 싶어 했다. 그때 바울의 반응은 분명했다. 그는 겉옷을 찢고 사람들 속으로 달려 들어가 외쳤다. "우리 자신들도 여러분과 똑같은 경험을 하며 살아가는 **사람입니다**"(행 14:15, 새한글, 저자 강조).

바울 또한 허기를 느끼고, 땀 흘리고 지치며, 고통과 괴로움에 신음하고, 실패하고 낙담하며, 망설이고 힘들어했던 사람이다. 성도들에게 '다시 내가 가면 가만두지 않겠다'고 윽박지르기도 했고

(고후 13:2), '바보 같은 사람들'이라고 조롱하기도 했다(갈 3:1). 마음(영)의 불안과 육체의 소진을 느끼기도 했다(고후 2:13). 바나바와 격렬하게 싸운 일화는 유명하다(행 15:36-41). 여행 계획도 수시로 변경했다(고후 1:15-22). 최소한 고린도 교회 성도 가운데 일부에게는 웅변가로 인정받지도 못했다(고후 11:6). 육신의 가시를 없애 달라고 하나님께 기도하며 매달렸지만, 세 번이나 거절당하기도 했다(고후 12:8-9). 다마스쿠스에서 복음을 전하다가 광주리를 타고 도망치기도 했다(행 9:23-25; 고후 11:32-33). 그는 심지어 '죽고 싶은 마음'도 숨기지 않았고(빌 1:23), 어려움 가운데 살 소망을 잃기도 했다(고후 1:8). 어쩌면 바울도 우리처럼 부끄러워하거나 어찌할 바를 몰라 발을 동동 구르거나 자기 행동에 대해 후회하지 않았을까? 배고픔에 허겁지겁 밥 먹는 바울을 그린다면, 그것은 지나친 상상일까? 추위에 떨면서 잠들지 못하는 모습은 어떨까? 분명한 건 바울도 우리와 똑같은 사람이라는 사실이다. 이런 모습들이 성경에 기록된 진술에 더 가깝다. 이 글이 다루는 사도행전 15장 36절부터 17장 9절 본문과 이와 관련된 바울 서신 본문은 인간적인 바울, 선교사 바울의 현실적 모습을 더욱 잘 드러낸다. 그래서 초기 회심 이야기부터가 아니라, 선교 여행 중반부터 바울의 상황을 재구성해 보았다.[1]

---

[1] 바울의 선교 여행 연대기(일기의 날짜)는 대략적으로 연도를 추정할 수 있는 몇 가지 사건을 통해 재구성할 수 있다. 대표적으로 갈리오가 총독으로 있던 시기에 바울이 고린도에 있었다는 사실을 고려하면(행 18:12), 바울이 고린도에서 사역했던 시기를

나는 다음과 같은 티머시 곰비스Timothy G. Gombis의 확신에 전적으로 동의한다. "그리스도인들이 바울 서신을 신학 자료로 바르게 읽는다 하더라도, 바울은 자신을 현대적 의미의 전문 신학자로 보지 않았을 것이다. 바울은 그보다는 교회 개척자에 가까웠다. 지중해 지역 주변에 교회들을 개척한 다음에 그 교회들에 편지를 보내서 갈등을 해결하고, 상대방을 함부로 대하는 자들을 책망하고, 신실하게 살아가도록 격려하며 지역의 상황 속에서 하나님 나라를 삶으로 드러내도록 가르치고 믿음을 지키도록 권면하는 사람이었다."[2]

이런 의미에서 이 책을 읽는 동안 독자들도 나와 함께 "목회자이자 선교사인 바울은 어떤 '사람'이었을까?"라는 질문을 던져 보면 좋겠다. 사도행전을 읽을 때뿐 아니라, 바울 서신을 읽을 때도 말이다. 그리고 그의 편지에 담긴 다소 모호하고 어려운 신학 개념을 마주할 때도 말이다. 그러면 그의 편지를 읽을 때 초대교회 성도들이 바울과 얼굴을 마주했던 것처럼, 우리 앞에 선 바울을 경험할지도 모른다.

대학교 1, 2학년 때 선교 단체에서 활동한 적이 있다. 책도 열심히 읽었다. 놀라운 기적의 역사가 연속해서 일어나는 선교 이야기를 담은 책 말이다. 나도 선교를 나간다면 그런 놀라운 일들만 경험

51년 전후로 잡을 수 있다. 이를 기점으로 역추적하면, 바울의 2차 선교 여행은 49-52/53년에 이루어졌을 것이다. 월과 일까지 정확히 알기는 어렵지만, 상상력을 발휘해 쓴 일기에 덧붙이기에 큰 무리는 없을 것이다.

[2] 티머시 곰비스, 『약한 자의 능력』, 이성하 옮김(감은사, 2023), p. 28.

하게 되는 줄 알았다. 마음이 뜨거워졌다. 그래서 주변의 도움을 받아, 선교 단체 사람들과 함께 한 이슬람 국가로 40일 정도 선교 여행을 다녀왔다. 그때 거의 매일 일기를 썼다. 버스에서 우연히 만난 청년에게 복음을 전한 일, 후회되는 일, 팀원들 사이에서 일어난 미묘한 갈등, 여러 기대와 복잡한 감정도 거기에 담아 두었다. 아쉽게도 내가 기대했던 만큼 대단한 역사는 일어나지 않았다. 이 사실도 일기에 기록했다. 그 당시 나는 선교에 대한 너무 큰 기대와 이상을 가지고 있었다.

몇 년 후, 한 교회 중등부에서 총무 교사로 섬긴 적이 있다. 그때 한 선생님이 『데이비드 브레이너드 생애와 일기』를 선물하셨다. 그 책을 읽으며 위대한 역사적 인물이 친근하게 다가오는 경험을 했다. 데이비드 브레이너드David Brainerd가 자신의 일기에 선교하며 겪은 일들을 솔직하게 담아냈기 때문이다. 책에는 원주민에게 싹튼 미움, 어려운 선교 과정, 포기하고 싶은 마음 등이 담겨 있다. 그저 평범한 일상 이야기도 읽을 수 있다. 이 책을 통해 선교사들의 현실, 고민, 갈등, 어려움을 이해했다. 진짜 선교가 무엇인지 조금이나마 이해한 것이다.

만일 바울이 일기를 남겼고 이를 실제로 우리가 읽을 수 있다면, 이와 비슷한 일이 우리에게 일어나지 않을까? 바울의 내면을 조금 더 자세히 들여다봄으로써, 인간 바울을 더 깊이 그리고 친근하게 이해할 수 있지 않을까? 그가 목회와 선교를 하면서 느꼈던 감정을 더 생생하게 이해할 수 있지 않을까? 그래서 우리가 쉽게 모호하고 어렵다고 여겼던 바울의 편지에 담긴 어려운 신학 개념들을 살아 있는 것으로 생생하게, 더 정확하게 이해하고 경험할 수 있지 않을까? 이러한 것들을 독자들이 경험하기를 기대하며 이 책을 썼다.

물론 무척이나 아쉽지만, 이 일기는 바울이 남긴 글은 아니다. 내가 '바울이 일기를 남겼더라면' 하는 상상력을 가지고 쓴 것이다. 다만 그저 상상력에만 의존한 글은 아니다. 바울 서신, 사도행전, 고대 역사와 문화 연구에 단단히 뿌리를 두고 쓰고자 했다. 이런 역사적 상상력을 통해 실제로 '한 번쯤은 있음 직한 일' 혹은 '기록된 사건의 뒷이야기'를 재구성하거나 창조하고, 더 나아가 바울의 내면을 파고들고자 노력했다. 나와 같이 초기 교회의 사회사 연구를 하는 이들, 다시 말하면 초기 교회에 속한 한 사람 한 사람의 이야기에 관심이 있는 이들에게 이와 같은 상상력은 필수다. 이 글도 데살로니가 교회와 고린도 교회 사회사 연구로 박사 논문을 쓰면서 갈고닦은 역사적 상상력 덕분에 쓸 수 있었다.

일기라는 형식을 빌렸기 때문에 본문에는 설명을 최대한 자제했다. 그 대신 각주에 용어 설명과 일기 내용과 관련된 성경 구절을 채워 넣었다. 각주의 성경 말씀을 찾아보며 함께 묵상한다면 더욱 풍성한 독서가 될 것이다. 또 일기 중간중간에 "말씀으로 한 걸음 더"를 구성하여 말씀을 더 깊이 묵상할 수 있도록 돕고자 했다. 함께 읽을 책도 추천해 놓았으니, 읽다가 특정 부분에 관심이 생기면 참고할 수 있을 것이다.

이 글은 당연하게도 나 혼자 완성한 것이 아니다. 주변 사람들의 도움과 격려가 없었다면, 첫 글자를 쓰지도 못했을 것이다. 먼저 이 책이 세상의 빛을 보도록 도와주신 모든 IVP 관계자 분들에게 감사의 마음을 전하고 싶다. 문서 사역으로 함께 동역해 볼 것을 제안해 주신 정모세 대표, 모든 일이 일사천리로 매끄럽게 진행되도록 도와주신 이종연 편집장, 글을 처음부터 끝까지 꼼꼼하게 읽고 교정하면서 더 나아지도록 여러 면에서 수고해 주신 양지영 간사께 감사드린다.

나를 언제나 빛나게 해 주는 사랑하는 아내 장아름과, 방에 틀어박혀 글을 쓸 때도 언제나 "우리 아빠 최고"라고 말해 주는 아들 희원에게 고맙고 미안하고, 또 고맙다. 부족한 사람을 위해 밤낮으로 기도해 주시는 양가 부모님에게도 존경과 감사의 마음을 전한다. 이 글이 나에게 가르침과 사랑과 은혜를 베풀어 주신 모든 분에게 작은 보답이 될 수 있으면 좋겠다.

아차산 자락에서
정은찬

1부
마케도니아로 가는 험난한 여정

1장
선교의 '어두운 밤'

갈라디아에서
49년 8월 15일

매지구름이 하늘을 뒤덮었다. 이내 비가 내리기 시작했다. 비 내리는 길을 종일 멍하니 걸었다. 다음 목적지가 어디인지도 모른 채 하염없이 걸었다. 비도 내리니 잠시 쉬었다 가도 괜찮았지만, 비를 맞으며 그저 계속 걷고 싶었다. 며칠 동안의 강행군으로 나는 몹시 지쳤고, 신발은 해어졌으며 잠잘 곳도 마땅치 않았다. 배고픔과 목마름도 뒷전으로 하고 그냥 걸었다. 이제 돈도 거의 동나서 어디서든 며칠 일용직으로 일하고 여행 경비를 마련해야 한다. 그런데 사실 이런 것은 큰 문제가 아니다. 이제 이런 어려움은 나에게 일상이다.[1]

그보다는 마음이 아프고 비참하기까지 하다. 사실 얼마 전 바나

---

[1] 고후 11:23-27.

바와 헤어진 뒤로 마음이 편치 않다. 그는 우리 선교 여행에 마가 요한을 데려가자고 이상하게 고집을 부렸다.[2] 아니, 그의 성품이나 마가와의 관계를 생각하면 어느 정도는 예상할 수 있었다. 나는 마가를 데려갈 수 없다고 맞불을 놓았다. 밤빌리아에서 있었던 안 좋은 일이 기억났기 때문이다. 마가 요한은 거기서 우리를 갑자기 떠났고, 그 사건은 우리 선교에 큰 타격을 입혔다. 그런 일이 다시 일어나게 내버려 둘 수는 없는 노릇이었다. 바나바는 마가에게 한 번 더 기회를 주어야 한다고 주장했다. 심지어 그때와 같은 일은 더는 일어나지 않을 것이라고 호언장담했다. 이 문제로 심각하게 다투고 결국 바나바와 헤어졌다. 바나바도 나도 한 걸음도 물러서지 않았다. 그러고는 따로 선교 여행을 가기로 했다. 바나바는 마가를 데리고 키프로스로 떠나 버렸다.

바나바와의 다툼은 사실 마가 때문만은 아니다. 예전에 안디옥에 머물 때 벌어졌던 일도 갈등의 도화선 역할을 했다.[3] 그때 우리는 이방 사람들과 식사하고 있었다. 그런데 야고보가 보낸 몇 사람이 오자, 베드로는 그 할례받은 사람들이 두려워서 먼저 식사 자리를 떠났다. 이어 바나바도 베드로와 다른 이들이 보인 위선에 동참했다. 그때 나는 베드로보다 바나바에게 더 실망했다. 바나바에게 훨씬 더 큰 기대를 하고 있었나 보다. 이유야 어찌 되었든 나를 아껴 주었고 오래 동행했던 사랑하는 동역자 바나바와 심각한 다툼

2   행 15:36-41.
3   갈 2:11-14.

끝에 헤어지니 마음에 생채기가 난 것이다. 좀처럼 상처가 아물지 않는다.

바나바는 예수님을 따르는 공동체에서 나를 가장 따뜻하게 받아 준 사람이었다.[4] 그때 바나바의 태도는 정말 놀라웠다. 제자 가운데 다수가 나를 의심했기 때문이다. 그도 그럴 것이 예전에 나는 예수를 따르는 이가 모두 없어졌으면 좋겠다고 생각했고 실제로 그 일을 행동으로 옮기려 했다.[5] 유대교 회당의 권위자들, 특히 대제사장이 써 준 '추천서'를 들고 나는 기세가 등등해져서 그 일을 실행하기 위해 다마스쿠스를 향하고 있었다.[6] 다마스쿠스에 다다랐을 무렵 나는 예수님을 만났다. 아니, 예수님이 내게 찾아오셨다. 예수님을 따르던 사람들을 박해하려던 나를 받아주셨으니, 그 사건은 은혜라는 말로밖에 표현할 길이 없다.

그리고 나서 예수님을 따르는 제자들 몇 명과 그들의 공동체와 동역하고자 했다. 당연히 이 일이 순조롭게 이루어지지는 않았다. 그 가운데 일부는 나를 믿지 못했고, 심지어 두려워했다.[7] 나의 태도가 갑자기 바뀌자, 이를 이상하고 께름칙하게 여겼다. 내가 다시 돌변해서 자신들을 박해할지도 모른다는 두려움에서 비롯되었을 것이다. 내가 그들의 입장이라면 나도 그렇게 생각했을 테고, 어쩌

---

4 행 9:26-30.
5 행 9:1-9; 갈 1:13-14.
6 고대의 추천서는 공적 임무를 맡아 떠나는 사람에게 권위를 부여하기 위해서 사용되기도 했다. 사도행전은 이를 "여러 회당으로 보내는 편지"라고 말한다(행 9:2).
7 참고. 행 9:21.

면 그들보다 더 깊이 의심했을지 모른다. 그렇기에 그들이 나를 믿어 주지 않았다고 해서 마음에 앙금이 생기지는 않았다.

그런데 그런 상황에서 나를 두 팔 벌려 환영해 준 사람이 바로 바나바였다. 바나바는 주님이 나를 찾아오신 사건만 아니라 그 이후 내가 해 온 선교와 사역에 대해서도 그들에게 차근차근 설명해 주었다. 그 후 수년간 바나바와 나는 영혼의 단짝이었다.[8]

나를 그토록 신뢰해 준 바나바와 이토록 허무하게 헤어졌다. 여전히 그날 우리가 다투며 주고받은 대화들이 머릿속에서 떠나지 않는다. 이제는 서서히 후회가 된다. 그렇게 심하게 싸우지는 말아야 했다. 언젠가 다시 만나면 훌훌 털고 화해할 수 있도록 말이다.[9]

그 다툼을 시작으로 일이 꼬이기 시작했다. 이번 선교 여행을 계획하면서 나는 안디옥에서 출발하여 곧장 큰 도로를 따라 서쪽의 에베소, 버가모, 사데, 빌라델비아와 같은 도시가 있는 소아시아로 가고자 했다. 특히 에베소에 가고 싶었다. 로마 제국이 에베소까지 도로를 잘 닦아 놓았기 때문에, 조금 멀기는 해도 길을 따라 걷기만 하면 쉽게 찾아갈 수 있다. 나는 거기서 복음을 전하고 싶었다. 이미 소아시아에 대한 정보들을 여러 사람에게 듣기도 했다. 그래서 그곳의 종교심 많은 이들이 하나님의 말씀을 귀담아들을 것으로 기대했다. 이런 계획을 따라 나는 여러모로 채비를 갖추었다. 이때만 해도 내 계획은 꽤 그럴싸해 보였다.

8   참고. 행 11:19-30.
9   참고. 몬 24절. 후에 빌레몬서를 쓸 당시 바울은 마가와 화해했던 것으로 보인다.

안디옥에서 더베와 루스드라와 비시디아의 안디옥을 거쳐 세바스테 가도Via Sebaste[10]를 따라 서쪽으로 이동하는 중에 갑자기 성령님의 음성이 들렸다. "아니다, 거기가 아니다!" 성령님은 소아시아에서 복음을 전하려는 우리를 **막으셨다**. 너무 갑작스러웠다. 이해할 수 없었지만, 분명히 성령님이 하시는 말씀 같았다. 그때부터 나는 길을 잃었다. 성령님이 말씀하시자, 역설적으로 나는 길을 잃었다. 도대체 어디로 가야 할지 알지 못해서 방황하기 시작했다. 목적지가 없어지니 가는 길이 더 멀고 험하게 느껴진다. 피로가 몰려온다. 이제 나는 어디로 가야 할까?

처음에는 내가 성령님의 음성을 혹 잘못 들었나 하는 생각도 들었다. 하지만 내가 들은 성령님의 말씀을 따라 가던 길을 멈추고 돌아서서, 더베와 루스드라보다 북쪽에 위치한 지역으로 발걸음을 옮겼다. 그렇게 일주일 정도 걸려 브루기아 중남부 지역에 도착했다. 호수를 지나고 산을 넘어야 하는 꽤 험난한 길이었다. 사실 정확히 며칠이 걸렸는지도 모르겠다. 좀처럼 제대로 된 기억이 없다. 그저 성령님이 다시 한번 정확하게 어디로 가야 할지를 말씀해 주시기를 바라며, 내 정신과 감각이 온통 거기에 집중되어 있었기 때문이다.

브루기아 지역에서는 어떤 역사도 일어나지 않았다. 이 지역에서 행한 선교에 대해서는 기록할 내용이 많지 않다. 아니, 없다. 그야말로 어떤 일도 일어나지 않았다. 말씀을 나누어도 거기 사람들

---

10   로마가 군대의 이동을 용이하게 만들기 위해 깔아 놓은 큰 도로 중 하나다.

은 내 이야기를 귀담아듣지 않았다. 마을 아고라[11]에서 예수님을 선포해도 아무도 듣지 않았다. 교회를 세우기는커녕, 단 한 명의 회심 역사도 없었다. 성령님이 소아시아 쪽으로 가지 말라고 하신 말씀이 다시 한번 떠오른다.

어쩔 수 없이 브루기아에서 더 북쪽으로 올라가야 했다. 갈라디아 지방을 배회했다. 돌아다니다 보면 무슨 일이라도 일어나겠거니 내심 기대했다. 하지만 갈라디아 지역 어디에서도, 어떤 역사도 나타나지 않았다. 성령님은 여전히 묵묵부답하셨다. 벌써 20일 넘게 길만 헤매는 중이다. 복음을 제대로 전하지도, 당연히 교회를 세우지도 못했다. 답답하다.

이상한 일이다. 선교 여행을 시작한 이래 이런 일은 처음이다. 내가 나쁜 일을 꾸민 것도, 나쁜 일을 하고 있던 것도 아니다. 그저 복음을 전하고 싶었는데, 성령님이 나를 막으신 것이다. 차라리 내가 도적질이나 강도질을 하려던 차였다면 억울하거나 이상하지도 않았을 것이다. 나는 그저 순수한 마음으로 하나님의 말씀을 사람들에게 나누고 싶을 뿐이다. 주님 예수 그리스도를 나의 사랑하는 동족 유대인들에게 선포하고, 또한 아브라함의 하나님과 예수 그리스도를 전혀 모르는 이방인들에게 복음을 나누고 싶을 뿐이다. 내 안에는 여전히 불이 붙어 있다. 그분의 부활과 다시 오심을 전해 주

---

[11] 광장. 성경에는 다음과 같이 다양한 장소로 묘사된다. 사람들이 모이는 장소(행 17:17), 아이들이 뛰노는 놀이터(마 11:16), 일용직 직업을 구하거나(마 20:3) 법적 고발이 이루어지는 곳(행 16:19).

고 싶은 마음으로 가득하다. 그런데 지금 나는 어디로 가야 하는지도 모른 채 길을 잃어버렸다. 어디로 가야 할까? 내가 잘하고 있는 걸까? 설마 나의 '두 번째 선교 여행'이 여기서 끝나는 걸까?

아시아에서 말씀을 전하는 것을 성령이 막으시므로,
그들은 브루기아와 갈라디아 지방을 거쳐 가서,
사도행전 16장 6절, 저자 강조

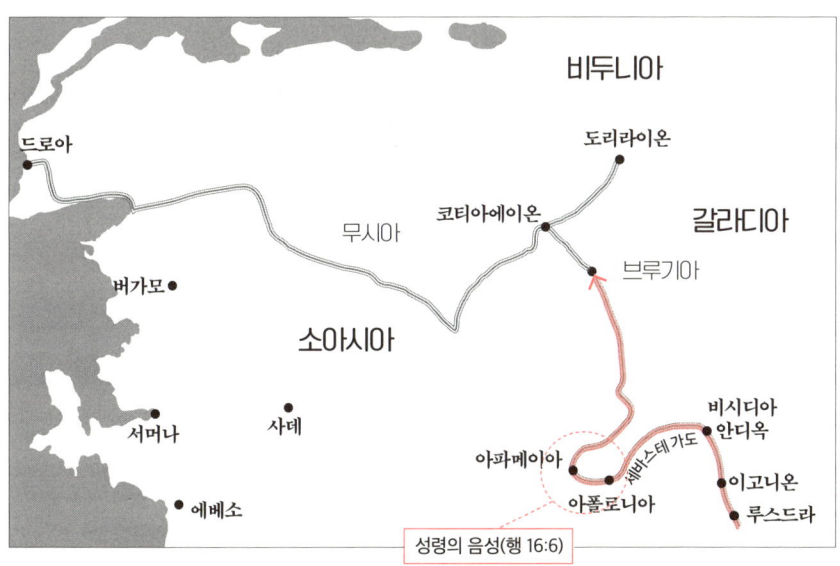

* 루스드라는 출발지 안디옥에서 서쪽으로 600km 떨어진 곳에 위치한다.
* 루스드라에서 아파메이아까지는 150-200km 거리다.
━━━ 49년 8월 15일 일기에서 언급되는 바울의 경로
━━━ 학자들(로버트 주잇, 글렌 톰프슨, 마크 윌슨)의 연구를 기반으로 재구성한 바울의 경로

무시아에서 비두니아로 향하는 길에서
49년 9월 5일

결국 나는 일주일이 넘게 걸려 원래 계획했던 소아시아 쪽으로 와 버렸다. 엄밀히 말하면 소아시아 북쪽에 있는 무시아 가까이에 이르렀다. 지금은 소아시아의 북쪽 해안에 더 가까이 있지만, 북쪽 해안에 도착해 해안 길을 따라 남쪽으로 가든지 큰길을 따라 남서쪽으로 이동하면 에베소에 갈 수 있다. 사실 내가 걷는 길은 모두 에베소로 통한다.

길을 어찌나 헤매며 우왕좌왕했던지 함께 선교 여행에 나선 동역자들, 실루아노와 디모데에게 미안했다. 특히 우리 팀에 합류한 지 얼마 되지 않은 디모데를 볼 낯이 없다.[12] 마냥 걷기만 하려고 디모데가 이 여정에 참여한 것이 아닐 텐데, 놀라운 역사가 일어나기는커녕 길만 헤매고 있으니 선교 여행을 이끄는 나로서는 체면이 말이 아니었다. 디모데가 믿음 안에서 성숙한 사람이기 때문에 크게 걱정하지는 않지만, 어쩌면 조금은 다른 평범한 로마인들처럼 이 방황이 신의 저주라고 생각할지도 모를 일이다. 이 방황이 어떤 의미인지 나도 정확히 이해할 수는 없다. 그러나 절대로 하나님의 저주는 아니라고 확신한다. 그와 조금 더 이야기를 나누어 보면서 독려해야겠다는 생각이 든다. 하지만 정말로 격려가 필요한 사람은

---

[12] 행 16:1-5.

나일지도 모른다.

솔직히 말해서 갈라디아에서 무시아까지 일주일이 넘게 걸릴 거리는 아니다. 하루에 대여섯 시간 정도만 쉬엄쉬엄 걸어도 사나흘이면 족히 도착할 수 있는 거리다. 그런데 어디로 가야 할지 몰라 이리저리 헤매다 보니, 일주일을 훌쩍 넘겼다. 여전히 우리의 발걸음에는 목적지가 없다. 그저 몸이 이끄는 대로 걷고만 있다.

더 답답한 것이 있다. 여전히 성령님이 아무 말씀도 하지 않으신다는 것이다. 이전에 성령님이 내게 하신 말씀이 계속 귓가에 맴돈다. "아니다, 거기가 아니다! 거기서 복음을 전하지 말라!" 도대체 무슨 의미일까? 단지 소아시아로 가지 말라는 뜻일까, 아니면 선교 사역을 완전히 멈추라는 뜻일까, 아니면 내가 무언가 잘못하고 있다는 의미일까?

혹 내가 나도 모르는 사이에 정욕을 따라 선교하지는 않았는지 되돌아보았다. 그런데 추호도 인간적 욕심이나 인정, 칭찬을 받고 싶은 욕망 때문에 혹은 예수님을 따르는 사람 가운데서 명예를 얻기 위해 선교 여행을 시작한 것은 아니다. 만에 하나 그렇다 하더라도 결국 전해지는 것은 예수님이 아닌가?[13] 그러면 어찌 되었든 유익한 일 아닌가? '첫 번째 선교 여행'이 잘 마무리되었고, 그 승리에 내가 도취한 것도 아니었다. 내 능력에 스스로 감탄하고 있지도 않았다. 내 안에는 그런 교만이 도사리고 있지 않다.

---

[13] 빌 1:14-18.

그런데 내가 애당초 계획을 잘못 세웠고, 그래서 성령님의 뜻이 단지 소아시아로 가지 말라는 것이라면, 여태까지 성령님이 침묵하시는 것이 의아하다고 생각했다. 성령님의 침묵이 길어도 너무 길다. 도대체 그분의 뜻은 무엇일까? 고민할수록 오히려 마음이 점점 답답해진다.

정신을 차리고 발걸음을 옮겼다. 또 어디로든 가 봐야 할 것 같았다. 그래서 갈라디아에서 무시아로 왔던 길을 거꾸로 되돌아가, 거기서 이번에는 북동쪽 멀리에 위치한 비두니아를 향하는 중이다. 정말 있는 힘, 없는 힘을 다 짜서 제대로 일을 이루어 내기 위해 노력하고 애쓰고 있다.

무거운 몸을 이끌고 길을 걷는 중에 드디어 예수님의 영의 음성이 들렸다! **"아니다, 거기가 아니다!"** 긴 침묵을 깨셨지만, 두 달 전의 음성과 다를 바가 없다. 나는 다시 무시아로 돌아가야 할 것 같다. 이 길을 몇 번이나 왕래하는지 모른다.

이번이 두 번째 거절이다. 말 그대로 예수님의 영에게 거절당한 느낌이다. 조금 더 솔직하게 이야기하자면, 나는 이번 선교 여행을 크게 기대했다. 실제로 더베와 루스드라에 있을 때까지만 해도, 교회들의 "믿음이 점점 더 튼튼해지고, 그 수가 나날이 늘어"가는 광경을 눈으로 직접 보았다.[14] 아시아에서는 이보다 더 큰 역사가 일어날 줄 알았다.

---

14 행 16:5.

혼란스럽다. 정말로 나도 모르는 사이에 내게 허영심이 생긴 것일까? 성공에 심취한 것일까? 이젠 나도 정말 모르겠다.

무시아 가까이 이르러서,

비두니아로 들어가려고 하였으나,

예수의 영이 그것을 허락하지 않으셨다.

사도행전 16장 7절, 저자 강조

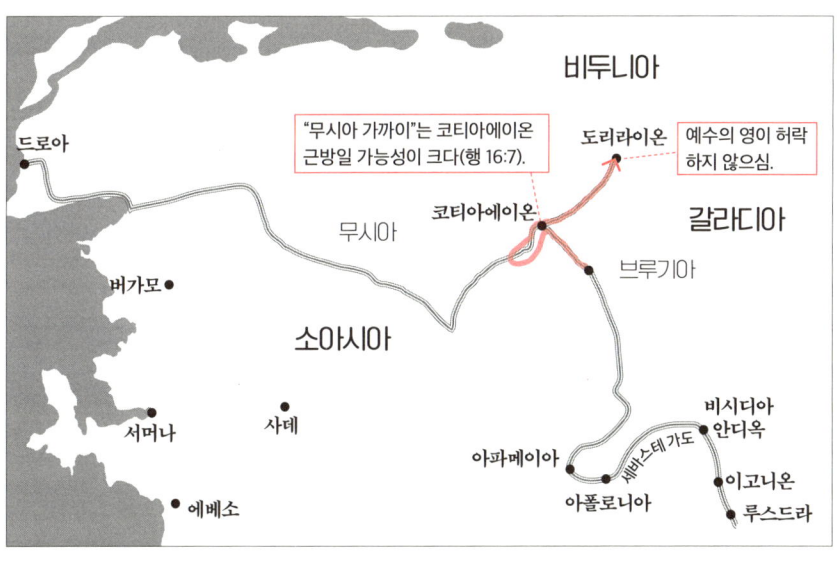

* 아파메이아에서 코티아에이온까지는 250-300km 거리다.
* 코티아에이온에서 도리라이온까지는 80-100km 거리다.
━━━ 49년 9월 5일 일기에서 언급되는 바울의 경로

드로아에서
49년 9월 23일

성령님의 음성을 따라 비두니아로 가던 길을 멈추고, 다시 무시아로 돌아왔다. 어디로 가야 할지 몰라 고민하던 차에 드로아로 가 보자는 의견이 모아졌다. 드로아는 무시아와 가까운 항구다. 말은 이렇게 간단하지만, 약 20일간 걷기만 해서 겨우 드로아에 도착했다.

드로아에서 잠시 짐을 풀고, 며칠간 일을 할 계획이었다. 이제 정말로 경비가 바닥날 지경이다. 사실 우리 팀 모두 몸과 마음이 지쳤다. 조금 쉴 필요가 있다는 생각도 들었다. 그래서 마을로 흩어져 각자 가진 기술에 맞는 일을 구하자고 했다. 요즘은 일용직 일자리도 찾기가 쉽지 않다. 특별한 기술이 없으면 더욱 힘들다. 하루 일하고도 고작 **반에서 두 데나리우스**를 버는 것이 전부다. 겨우 입에 풀칠할 수준이다. 포도원에서 일하고자 하는 사람들은 아침부터 시장 공터에 나가, 포도원 주인이 오기를 기다린다.[15] 주인이 오면 그 가운데 원하는 몇 명만을 선택해 데려간다. 선택받지 못한 사람들은 누가 보면 시장 공터에서 종일 일없이 빈둥거리는 것처럼 보인다. 그런데 그게 아니다. 아무도 그들에게 "일을 시켜 주지 않아서" 일거리를 줄 누군가를 기다리는 것이다.[16] 그도 그럴 것이, 일을 구하지 않으면 그 사람뿐 아니라 가족 모두가 그날 하루를 굶게 된다.

15   참고. 마 20:1-16.
16   마 20:7.

많은 사람이 이렇게 살아간다. 하루 벌어 하루 먹고 살기 바쁘다. 그런 이들에게 복음이 의미하는 바가 무엇인지 고민해 본다. 이상하게도 교회 공동체에는 주로 이런 사람들이 모인다. 구원을 바라는 이들이 교회 공동체로 모일 테니 실은 이상한 일이 아니라 당연한 일인지도 모르겠다. 어쨌든 교회가 이들의 일상과 생존에 도움을 줄 만한 일들이 무엇일지 생각해 보아야겠다. 이런 고민 때문에 언젠가부터 '자기 손으로 일하기를 힘쓰십시오'라고 이따금 성도들에게 권면한다.[17]

사실 여러 지역에 교회가 세워지면, 꼭 하고 싶은 일이 있다. 지금 구상하는 일은 소위 말해 지역과 지역을 잇는 '초대형 프로젝트'다. 혹 경제적 위기에 처한 공동체가 있으면, 주변 지역 교회들의 성도들이 수입에 따라 십시일반 연보를 모아 보내는 것이다.[18] 말도 안 되는 계획이라고 생각할지도 모른다. 누군가는 이 계획을 듣는 즉시 이런 질문들을 쏟아 낼 것이다. 누가 이 일에 동참하겠습니까? 모두가 배고픈 처지에 자발적으로 자기 것을 나누는 사람이 있을까요? 누가 저 멀리 있는 사람들을 그토록 아껴서 연보를 보내겠습니까? 누가 그 먼 길을 가서 연보를 전달하겠습니까? 그런 질문은 당연하다. 내 생각에도 전혀 쉬운 일이 아니다. 전에 없었던 일이라는 것도 안다. 보통의 로마인들이 들으면, 나더러 미쳤다고 하거나 현실을 전혀 모르는 몽상가라고 말할지도 모른다. 하지만 나

---

17   살전 4:11; 롬 12:11.
18   참고. 행 11:27-30; 롬 15:22-23; 고전 16:1-12; 고후 8-9장.

는 이 일이 꼭 필요하다고 생각한다. 지금은 머리로 구상만 할 뿐이다. 나중에 여러 지역에 교회가 세워지면 실제로 성도들을 설득해 보려고 한다. 구체적 계획과 성도들을 설득할 방법이 생각나면, 더 자세히 기록해 두어야겠다.

어쨌든 생존에 위협을 느끼는 성도들을 돕는 일에 손 놓고 있지는 않을 것이다.[19] 나도 형편이 다르지 않기에, 이들에 대한 측은한 마음이 생기는 것은 어찌 보면 당연하다. 선교 여행을 다니면서 제대로 끼니를 챙겨 먹은 적이 없는 것 같다.[20] 고기는 당연히 꿈도 못 꾼다. 여벌 옷이랄 것도 없다. 편히 쉰다는 것은 아득한 이야기다. 추위에 떨며 잠들지 못한 날이 여럿이다. 손으로 강도 높은 노동을 한다. 신발은 다 뜯어진 게 전부다. 드로아에서 돈을 조금 벌고, 싸구려 신발이라도 새로 사야 할 듯싶다.

마을을 돌아다니며 일을 구하는 것은, 사실 단순히 여행 경비를 마련하기 위함만은 아니다. 이렇게 돈을 벌어야 내가 복음을 전한 사람들에게 짐이 되지 않을 수 있다.[21] 성도들에게 짐이 되는 것만큼은 피하고 싶다. 내가 복음의 씨를 뿌렸기에 나에게 그들로부터 물질의 열매를 취할 권리가 있음은 당연하다.[22] 유대 전통에서도, 로마 전통에서도 이는 당연한 일이다. 그러나 나 스스로 그런 일을

---

19 참고. 갈 2:10.
20 다음과 같은 바울의 다양한 '고난 목록'을 참고하라. 고전 4:11-13; 고후 4:8-11; 6:4-5; 11:23-27.
21 살전 2:9; 고후 12:13.
22 고전 9장.

자제하려 한다. 그렇지 않아도 어려운 성도들의 삶을 더 어렵게 만들고 싶지 않다. 그렇다고 해서 전혀 후원받지 않겠다는 말은 아니다. 친구로서, 동료 그리스도인으로서, 선교에 동참하기 원하는 마음으로 누군가 내게 후원한다면 기꺼이 그들이 선교에 함께할 수 있도록 지원받을 것이다.[23]

그리고 내 손으로 일하여 돈을 벌면, 복음을 처음 받아들이는 사람들도 내가 그들에게 돈을 뜯어내려 이런 일을 한다는 의심을 잠재울 수 있다. 이런 식의 사기를 치는 사람들이 워낙 많기에, 아니 이 외에도 온갖 종류의 사기들이 그들을 위협하기에 저런 오해가 생길 법하다. 그리고 오히려 이런 의심은 생존을 위해 꼭 필요하다. 그래야 어수룩하게 사기당하는 일이 없을 것이다. 나는 말씀을 파는 장사치도, 온갖 속임수를 부려 사람들의 돈을 갈취하는 마술사도, 거짓 진리를 전하는 사기꾼도 아니다.[24] 혹여나 사람들이 나를 그런 사람으로 오해하지 않기를 간절히 바란다. 그러니 이 사역을 위한 경비를 스스로 마련하면서 조심, 또 조심하려고 한다.

게다가 이따금 일터에서 만난 사람들과 이야기를 나누다 보면, 자연스럽게 신에 대해 토론하는 경우도 있다. 작업장은 나에게 선교를 위한 여러 기회를 제공해 준다.[25] 사람들은 작업장에서 일만 하지 않는다. 작업장은 하나의 생활 공간이고, 신을 숭배하는 예배

---

23 빌 4:10-20.
24 고후 2:17; 행 13:9-11.
25 살전 2:9.

처이면서, 식사하고 쉬는 공간이기도 하다. 그리고 잡담하고 어떤 주제에 대해 진지하게 토론하는 '교실'이기도 하다. 실제로 많은 이가 작업장 근처에 모여서 다방면의 이야기를 나눈다. 이 대화에 가끔은 철학자들이 끼기도 하니 가벼운 이야기만 하는 것은 절대로 아니다. 특히 견유학파[26] 사람들은 작업장에 자주 나타난다.

나 또한 이런 기회를 놓치지 않는다. 때가 잘 맞으면 재빠르게 토론에 끼어든다.[27] 그러고는 세상을 창조하신 분에 관한 이야기를 시작한다.[28] 이야기는 이내 예수 그리스도께서 만물을 새롭게 하시리라는 내용으로 이어진다. 지금까지 이런 식으로 예수님을 따르도록 한 사람들이 꽤 있었다. 종일, 아니 늦은 밤까지 작업장에 남을 때도 많으니 어찌 보면 당연하다. 나는 단 한 명이라도 복음을 받아들이도록 할 방법이 있다면, 그것이 무엇이든 가리지 않을 생각이다.[29] 노예 신분인 자들을 얻기 위해 나는 노예라도 될 마음이 있다! 이제 나에게 신분이나 체면은 더는 중요하지 않다. 로마인들이 그리도 중요하게 생각하는 명예 또한 나에게 더는 가치가 없다. 훨씬 더 중요한 것이 있다. 오늘도 함께 일하던 동료들 그리고 서너 명의 손님들과 작업장에서 신에 대해 토론했고, 나는 열정적으로 예수 그리스도를 소개할 수 있었다. 결과가 그리 좋지는 않았지만

---

26 자연과 조화로운 삶을 강조하고, 명예나 부 혹은 권력에서 자유롭기 위해 자급자족(자립) 혹은 가난을 추구하는 철학 학파다.
27 참고. 행 17:17-18.
28 행 17:24.
29 고전 9:19-20.

말이다. 그래도 작업장의 편수였던 가이오는 내 이야기에, 아니 그보다는 내 이상해 보이는 삶의 태도에 관심을 기울였다.

당연한 이야기이지만 복음은 말로만 전해지지 않는다. 일터에서 나는 최선을 다하며, 바르게 일한다. 일을 제대로 마무리하기 위해 애쓰고 밤까지 작업장에 남을 때도 많다. 또 다른 이들이 보기에 나는 다소 독특한 삶의 방식으로 살아간다. 개종한 사람이든 아니든 사랑으로 대하려고 애쓴다. 또 그들을 낮은 마음으로 섬기려 한다. 돈을 벌면 나보다 가난한 사람에게 나누기도 한다. 전략적으로 그렇게 하는 것은 아니다. 그저 예수 그리스도를 따르는 것뿐이다. 술에 취해 있지도, 창녀들 틈바구니에서 음란한 삶을 살지도 않는다. 사람들은 나를 특이하게 생각하면서 "뭐 하러 그렇게 삽니까?" 혹은 "그런 삶이 불편하지는 않습니까?" 하고 묻는다. 그러면 나는 "모두 그리스도 때문입니다"라고 대답한다. 나는 그리스도 때문에 이전에 좋아하고 추구했던 모든 것을 똥으로 여긴다.[30] 그리고 이전에 싫어했던 것을 이제는 좋아하게 되었다.

사실 로마 자유민들은 육체노동을 노예들이나 하는 것이라 비하하고, 자신이 육체노동을 하고 있다면 그 사실을 감추려 하지만, 나는 그렇지 않다. 이런 태도는 내가 유대인 가정에서 자란 영향이 크다. 로마인들과는 다르게 우리 유대인들은 육체노동을 그만큼 멸시하지 않는다. 나는 어려서부터 율법과 수사학뿐만 아니라, 가죽을

30　빌 3:7-8.

다루는 기술도 배웠다. 이 기술 덕분에 선교 여행을 할 때 다른 누군가에게 지나치게 재정적으로 의존하지 않고도 이 지역 저 지역을 자유롭게 돌아다닐 수 있다.

작업장에서의 하루가 또 지나간다. 피곤한 하루였지만, 일에 집중하니 오히려 답답한 마음이 조금 사그라들었다. 방금 오늘 일했던 작업장에서 잠을 자려고 누웠다. 고맙게도 하룻밤 정도는 이곳에서 자도 괜찮다고 가이오에게 허락받았다. 그런데 갑자기 환상이 보였다. 사실 꿈인지 생시인지는 정확히 모르겠다. 그만큼 생생했지만 동시에 구체적이지는 않은 흐릿한 인상이었다. 환상 가운데 마케도니아 사람으로 보이는 한 사람이 나에게 다가왔다. 얼마 뒤 내 앞에서 멈춰 서더니 이렇게 말했다. "마케도니아로 건너와서, 우리를 도와주십시오!" 그 말을 끝으로 환상에서 깨어났다. 잠이 다 달아났다. 이 사람의 음성이 나에게는 하나님의 음성으로 들렸다. 드디어 하나님이 침묵을 깨시고 우리가 어디로 가야 할지를 알려 주신 것 같다. 아니, 하나님이 마케도니아에서 우리를 부르고 계신다고 나는 지금 확신한다. 정말 놀랍고 기쁘다. 몇 달 만에 이런 기쁨을 느끼는지 모르겠다. 그간 느꼈던 피로와 체증이 한 번에 뚫리는 듯 후련했다. 사실 다른 생각은 전혀 떠오르지 않고, 그저 빨리 마케도니아로 가야겠다고 마음먹었다. 우리는 대화를 나누어 계획을 변경했고, 더는 드로아에 머물지 않기로 했다. 마케도니아 사람들에게 복음을 전하기 위해 하나님이 우리를 부르신다!

사실 지금 마케도니아로 가는 화물선에 오르려 한다. 한밤중이지만, 지체할 수 없다. 하나님이 이 선교 여행의 다음 행선지를 말씀해 주셨다는 그 기쁨을 주체할 수 없다. 사실 밤에 여행하는 것은 정말 위험한 일이다. 산길에는 산적이, 바닷길에는 해적이 언제나 도사린다. 그러나 지금은 전혀 문제가 되지 않는다. 이런 위험이 두려웠다면 애초에 이렇게 먼 거리를 다니며 여행하지도 않았을 것이다. 우리가 갑자기 짐을 정리하고 작업장을 나서자, 나와 계속해서 일하고 싶어 한 가이오가 우리를 막아섰다. "제정신입니까?" 거친 말투 뒤에 우리에 대한 염려가 느껴졌다. 그는 말을 이어 갔다. "이 밤에 밖을 나가겠다는 거요? 길에는 도둑놈이 가득하다는 것도 몰라요? 그런데도 밤에 여행을 떠나려 한단 말이요?"[31] 나는 그저 촌각을 다투는 일이 우리를 기다리고 있다고 말하고, 작업장을 나왔다. 나는 이 어두운 밤도, 우글거리는 도둑도 두렵지 않다. 하나님이 우리를 마케도니아로 부르고 계신다!

이제야 지난 몇 달의 일들이 조금씩 이해된다. 솔직히 무척이나 버거운 시간이었다. 하나님의 침묵은 견디기 힘들었다. 성령님이 "아니다!" 하고 말씀하셨던 것이 내 마음을 짓눌렀다. 하지만 이 모든 과정은 나를 마케도니아로 인도하시기 위해서였다. 가까운 미래에 마케도니아에서 행할 내 사역을 준비시키기 위해서였다. 마케도니아에 여러 교회를 세우기 위해서였다. 내가 하나님만, 그분의 계획에만 의지하도록 하시기 위해서였다. 하나님이 함께하지 않으신

---

[31] 루키우스 아풀레이우스, 『황금 당나귀』, 송병선 옮김(현대지성, 2018), p. 26를 그대로 인용했다.

다면 내가 무엇을 할 수 있겠는가?

밤은 깊지만, 하나님의 음성은 더 분명하다. 어둠이 우주를 뒤덮은 시간이지만, 내 마음에는 밝게 별이 빛난다. 하나님과 가까워졌음을 느낀다. 하나님의 침묵을 지나, 깊은 밤을 지나, 하나님과 더 깊이 소통하는 법을 깨닫는다. 성령님이 "아니다" 하고 말씀하신 사건을 통해 성령님이 '예' 혹은 '좋다'고만 하시는 죽은 인형이 아님을 다시 한번 뼈저리게 깨닫는다. 하나님의 생각은 내 생각과 다를 수 있다. 하나님의 계획은 나의 계획과 완전히 다를 수 있다. 아니, 하나님의 계획은 언제나 나의 계획보다 위대하고 크다. 선교 여행을 떠나기 전에 세운 내 계획이 산산이 부서졌지만, 그러면 어떠하랴? 어쩌면 내가 애초에 기대한 것보다 하나님은 이번 선교 여행을 통해 더 많은 일을 행하실지도 모르겠다.

이제 성령님이 침묵하신다 해도, "아니다" 하고 말씀하신다 해도 당황하지 않을 것 같다. 아니, 신앙의 더 깊은 바다로 헤엄쳐 들어가기 위한 길이라고 생각할 것이다. 지난 몇 달간 벌어진 일의 의미를 모두 다 헤아릴 수 없다 해도, 그리고 그 사건이 사람들의 눈에 매우 수치스러운 일로 보인다 해도, 그 시간 동안 나는 하나님을 더 신뢰하고, 그분과 더욱 깊이 소통하게 되었다. 모두가 잠든 고요한 밤은 하나님의 계시가 완성되는 시간이다.

벌써 마케도니아에서 벌어질 놀라운 일들에 설렌다. 그 땅에서는 어떤 이들이 나를 기다릴까. 빌립보, 데살로니가, 아테네, 고린도의 사람들이 우리를 기다린다! 거기서는 교회가 세워지는 기적이 일어나지 않을까? 밤새 잠들지 못할 것 같다. 평소처럼 추위에 떨어서가 아니라 기대감에 부풀어서 말이다.

> 그래서 그들은 무시아를 지나서 드로아에 이르렀다.
> 여기서 **밤에** 바울에게 환상이 나타났는데,
> 마케도니아 사람 하나가 바울 앞에 서서
> "마케도니아로 건너와서, 우리를 도와주십시오" 하고 간청하였다.
> 그 환상을 바울이 본 뒤에,
> 우리는 곧 마케도니아로 건너가려고 하였다.
> 우리는, 마케도니아 사람들에게 복음을 전하기 위하여,
> **하나님께서 우리를 부르신 것이라고 확신**하였기 때문이다.
> 사도행전 16장 8-10절, 저자 강조

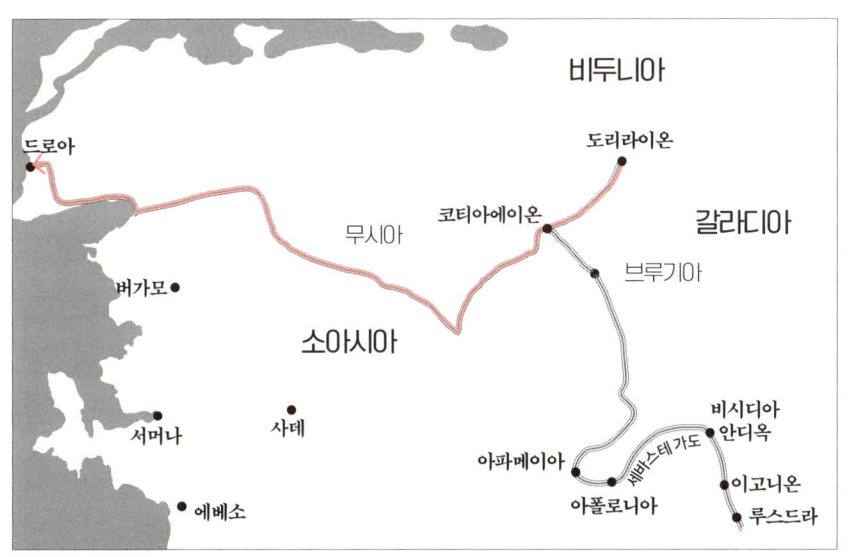

* 도리라이온에서 드로아까지는 500-600km 거리다.
━━ 49년 9월 23일 일기에서 언급되는 바울의 경로

말씀으로 한 걸음 더 ❶

험난한 선교 여행
사도행전 16:6-10

아마 많은 그리스도인은 사도행전 16장 6-10절에 그다지 관심이 없을 것이다. 나는 특히 그중 예수의 영이 바울 일행의 선교 계획을 좌절시키셨다는 6-8절을 선택해서 이야기를 시작했다. 바울의 환상을 이야기해 주는 9-10절을 제외하면 보통은 여기서 묵상할 내용이 없다고 여기며 가볍게 지나쳐 버릴 것이다. 그러나 9-10절의 진가를 느끼기 위해서는 그 앞 6-8절을 제대로 이해해야 한다. 그리고 6-8절만으로도 그리스도인들에게 전하는 중요한 메시지가 있다.

 이 말씀은 상당히 짧다. 그런데 고대 로마인들이 이 말씀을 읽었다면, 이 구절이 매우 긴 여정을 함축한다는 사실을 알았을 것이다. 고대인이 아니더라도 튀르키예로 성지 순례를 다녀왔거나 성경에 나오는 지리에 익숙한 사람이라면, 몹시 피곤하게 느껴질 수밖에 없는 말씀이다. 지금 이 짧은 말씀에서 바울이 이동한 거리는 대략 500-1200킬로미터다.[1] 톰 라이트

N. T. Wright는 다음과 같이 말한다. "그들이 간 것으로 보이는 길을 생각해 보면, 안디옥을 떠나 당황하고 지친 몸으로 그들이 도착한 먼 서북 해안 무시아에 이르기까지 적어도 약 500킬로미터는 갔을 것이다. 모르긴 몰라도 필시 몇 주는 걸렸으리라.…나는 바울과 실라와 디모데가 드로아에 도착했을 때 피곤하고 낙심한 채 어쩔 줄 몰라 당황해하는 상태에 있었음을 누가가 알았다고 생각한다."[2] 좀 더 전문적인 연구를 통해 로버트 주잇Robert Jewett 같은 학자들은 이보다 훨씬 긴 거리를 이동했을 것이라고 이미 제안한 바 있다.[3]

게다가 바울 일행은 이동할 때 대부분의 주석가가 동의하듯 마차나 말을 타지도 않았다. 오로지 걸어서 이 정도의 거리를 이동했다. 로마의 도로가 잘 정돈되어 있었다고 하더라도 지금처럼 완전히 매끈하게 포장된 도로는 아니었다. 잠잘 곳도 마땅치 않았다. 여관은 도적 떼의 소굴이나 다름없었고, 길에서 자는 것 또한 만만치 않았을 것이다. 강을 건너다가 물에 빠지기도 했을 것이고, 배고픔과 갈증에 지치기도 했을 것이다. 이런 어려움에 대해 바울은 반복해서 자신의 편지, 특히 고린도전후서에서 이야기한다(고전 4:7-15; 고후 4:8-9; 11:23-27).

이런 상황에서 500-1200킬로미터를 걸었다. 이동한 거리를 고려해 보면, 루스드라에서 드로아까지 최소 두 달은 걸리지 않았을까 추측한다. 물론 전혀 쉬지 않고 걸었다면, 하루에 20-30킬로미터를 이동할 수 있다. 그러나 고대의 이동 수단, 지도의 부정확성, 험난한 지형, 오늘날에 비해 초라하게 닦인 길, 불편한 숙소, 강도의 위험, 범람, 변덕스러운 날씨 등을 고려하면 현대인들의 경험보다 훨씬 더 멀고 위험하게 느껴졌을 것이다. 이런 탓에 고대인들은 지역 간 이동을 꺼렸다. 평생 자신이 태어난 지역에서 벗어나 본 적 없이 생을 마감한 사람도 많았다. 레이먼드 브라운Raymond E. Brown은 바울의 상황을 다음과 같이 묘사한다. "바울은 도처를 떠돌며 일하던 장인이었기에, 먹을 것을 살 돈을 벌기 위해 분투했을 것이다.…우리는 제한된 소지품만을 자루에 담아 짊어지고 길을 따라 하루에 최대 20마일[32킬로미터]을 터덜터덜 걷는 바울을 상상할 수밖에 없다.…춥고 눈비가 오는 중에도 자주 길가 어딘가에서 잠을 자야만 했다. 가난했던 그는 쉽게 도적 떼의 희생양이 되었을 것이다. 특히 치안이 좋지 않았던 시골 지역에서는 더욱 그랬을 것이다."[4]

바울은 이렇게 먼 거리를 그냥 이동한 것도 아니고, 꽤 오래 분명한 목적지 없이 배회한다. 지도를 가졌다 하더라도 길 찾기가 쉽지는 않았을 것이다. 더 중요한 사실은 성령님, 곧 예수의 영이 두 번이나 바울에게 나타나셔서 바울이 계획한 아시아 선교 계획을 무산시키시고 그와 반대에 위치한 비두니아로 가는 길도 막으셨다는 점이다. 주석가들은 이를 여러 가지로 표현한다. 마이클 파슨스Mikeal C. Parsons는 "누가는 바울이 이끈 선교의 **한계와 실패**를 보고하기를 회피하지 않는다"라고 말한다.[5] 또 크레이그 키너Craig S. Keener는 "어딘가 다른 곳으로 가는 것을 [성령에 의해] 제지당하면서, 바나바가 떠난 바울의 선교는 처음부터 **목적 없이** 방황한 듯 보인다"라고 표현한다.[6] "실패"나 "목적 없이"라는 표현이 과하게 느껴지기도 하지만, 이는 분명 16장 6-8절의 본질을 잘 보여 준다.

여기에서 한 걸음 더 나가 추측해 보자면 이렇다. 오랫동안 이토록 먼 거리를 이동하면서 누가는 그 기간에 일어난 '어떤 일'도 보고하지 않는다. 어디에서 어디로 이동했다는 기록뿐이다. 이상하지 않은가? 바울이라면 어느 지역에서든 복음을 전하고 교회를 세우려 했을 텐데, 어떤 기록도 없으니 말이다. 적어도 15장 41절이나 16장 5절처럼 "교회들은, 그 믿음이 점점 더 튼튼해지고, 그 수가 나날이 늘어 갔다"라고 간단히 보고할 수도 있지 않았을까. 이렇게 보면 마치 누가가 행간에 '여기서는 아무 일도, 어떤 역사도 일어나지 않았다'라고 써 놓은 듯하다. 최소한 겉보기에 이 시기 동안 바울이 경험한 선교에는 "실패" 혹은 '목적 없음'이 어울리는 표현 같다.

이런 이야기가 피부로 와닿지 않는다면 이렇게 한 번 상상해 보면 좋겠다. 당신은 정기적인 후원 없이 지난 여름부터 순회 선교사로 헌신하기 시작했다. 첫 번째 순회 선교는 잘 마쳤다. 그리고 두 번째 순회 선교는 서울에서 출발해 전라도 광주로 가고자 했다. 이제부터 머릿속에 지도를 그리며, 걷고 있는 자신의 모습을 떠올려 보라. 서울에서 광주로 걸어 내려가는 길에 전주에서 잠깐 쉬려는데 성령님이 광주가 아니라고 말씀하시며, 그곳에서 선교하지 못하게 막으셨다. 그래서 전주 어딘가에서 발걸음을 옮겨 부산으로 터벅터벅 걸어갔다. 그런데 부산에 도착했을 때 다시 부산이 아니라는 음성을 들었다. 그래서 이번에는 강릉으로 향했다. 강릉에 도착하는 데 두 달이 넘게 걸렸지만, 그곳에서는 아무런 성과도 없었다. 그제야 환상을 보고, 그 내용을 따라 일본으로 배를 타고 떠난다. 일본 선교에 대해서는 생각해 본 적도 없어서, 어떠한 준비도 하지 않은 상태다. 실제로 서울에서 전주와 부산을 거쳐 강릉으로 가는 이동 거리가 바울이 배회한 거리와 유사하다. 그렇게 방황하다가 처음에 계획한 곳과는 완전히 다른 지역으로 가게 된 것이다. 당신은 '광주 선교'를 위해 여러모로 철저히 준비했을지도 모른다. 이렇게 상상해 보면 이제 바울의 피로와 허무 그리고 당혹감이 조금은 더 생생하게 느껴질 것이다.

이런 배경에서 사도행전 16장 9-10절을 묵상하면, 막힌 데가 뻥 뚫린 듯한 시원한 마음을 느낄 수 있다. 10절에 "곧"이라는 표현은 바울이 얼마나 하나님의 인도하심을 애타게 기다리고 있었는지 그리고 하나님이 부르셨을 때 얼마나 크게 기뻐했는지를 보여 준다. 때가 밤이었음에도 바울은 하나님의 부르심에 즉각 반응했다.

결국, 선교는 '하나님의 인도하심과 섭리'를 따라간다는 사실을 누가가 보여 주려 했던 것 같다. 인간의 계획은 인간의 계획일 뿐이다. 이 사건을 통해 바울도 자신의 고집과 계획을 꺾는 훈련을 했고, 이런 방황 가운데서 하나님의 신실하심과 인도하심을 경험했다. 고린도전·후서를 보면 비슷한 내용이 나온다. 어떤 이유인지 명확하지는 않지만, 바울은 마케도니아 지역에서도 여러 번 선교 계획을 변경한다(고전 16:1-9; 고후 1:15-16). 이 때문에 고린도 교회 성도들은 '바울의 말은 신뢰할 수가 없다' '바울은 진실하지도 단순하지도 않다'라는 이야기까지 하며 그를 공격한 것으로 보인다(고후 1:15-22). 이에 대해 바울은 이런 여행 계획 변경이 겉으로 "예, 예" 하면서 속으로 "아니요, 아니요" 하고 말하는 속임수가 아니며 하나님의 신실하심과 성령의 인도하심 안에 거하는 것이라고 변증한다. 어쩌면 브루기아, 갈라디아, 무시아, 비두니아에서의 경험이 이런 말을 하게 된 배경일 수 있다.

그리고 우리는 이 말씀에서 누가의 정직성을 어느 정도 엿볼 수 있다. 자신도 참여한 선교에서 이런 실패와 방황을 경험한 사실이 부끄러울 수도 있었을 것이다. 그러나 이런 부끄러운 일을 그는 역사에 기록해 두었다. 사도행전의 역사적 정확성을 의심하는 학자들도 사도행전 16장 6-10절은 확실히 일어난 사건을 기록했으리라고 말하는 이유가 이 때문이다.

또 나는 사도행전 16장 9-10절을 위해서만 16장 6-8절이 있다고 생각하지는 않는다. 9-10절이 없다 하더라도 6-8절은 그 자체로 의미 있는 선교 보고다. 누가와 바울이 경험했던 선교의 현실을 적나라하게 보여 주는 귀중한 역사적 사료다. 사도행전을 묵상하면서 사람들은 소위 말하는 '승리'와 '성공'에 도취하기 쉽다. 사람들은 누구나 성공담에 열광한다. 교회 사역에서도 비슷하다. 그러면서 왕왕 현실을 무시하고 망상에 빠지기도 한다. 그러나 심지어 바울도 매번 방문하는 지역마다 교회를 세우지도 못했고, 여행마다 기적을 일으키지도 않았으며, 모든 동역자와 원만한 관계를 유지하지도 못했다. 그런데 우리는 바울의 성공과 승리에만 집중하는 경향이 있다.

조금이라도 선교를 경험해 본 사람이라면, 그런 환상 속 이야기는 실제 선교 현장에서 존재하지 않는다는 사실을 알 것이다. 솔직하게 고백하면 진짜 선교를 경험하기 전 대학교 신입생 시절의 내가 바로 이런 망상에 빠진 사람이었다(우리 선교팀이 가는 곳마다 교회가 세워질 줄 알았다).

그리고 나는 마이클 파슨스가 규정한 것처럼 6-8절의 내용을 선교 "실패"라고 표현하고 싶지도 않다. 바울은 이 시기에 "하나님의 신실하심"을 경험했을 뿐 아니라, 하나님과 소통하는 또 다른 차원을 배웠을 것이다. 바울이 이미 회심하면서 경험했듯이 하나님이 우리 인생의 여정을 우리의 생각과는 완전히 다른 엉뚱한 곳으로 인도하실 수 있다는 사실을 더욱 피부로 느꼈을 것이다. 이 경험을 통해 하나님의 섭리에 대해 인간이 느낄 수밖에 없는 '모호성'과 '낯섦'을 바울이 더 깊이 이해하는 기회가 되지 않았을까? 또 일방적으로 하나님에게 요구하는 단편적 관계가 아니라 신과 인간 사이에서 함께 소통하는 관계를 더 깊게 형성했을 것이다. 하나님과 손발을 맞춰 가는 모습이 이 본문에 담겼다고 생각하면 이상할까? 신비 사상가들의 이야기처럼 어둠 속에서 하나님을 더 깊이 이해하고 경험했을지도 모른다. 그런 의미에서 본문에 있는 "밤에"라는 표현은 바울이 경험한 상황을 의미심장하게 담고 있는 단어는 아닐까(9절)? 정말 그렇다면, 이 본문은 '실패'를 담았다기보다, 혹은 성공을 위한 '발판'을 담았기보다, '진짜 성공'을 담은 것이라 해도 좋지 않을까?

1 물론 본문에 나온 누가의 보고는 그리 친절하지 않다. 본문에 나온 지명 '아시아' '브루기아' '갈라디아'는 지도상에서 콕 집어 어디인지 말하기 어렵다. 여러 지역, 지방, 도시를 가리키는 표현이기도 하고, 때로는 상당히 넓은 범위를 가리키는 표현이기도 하다. 이와 관련한 자세한 설명은 Craig S. Keener, *Acts: An Exegetical Commentary* (Grand Rapids: Baker, 2014)의 16:6-10 주석을 참고하라.
2 톰 라이트, 『바울 평전』, 박규태 옮김(비아토르, 2018), p. 282.
3 Robert Jewett, *A Chronology of Paul's Life* (Philadelphia: Fortress 1979), pp. 59-61; "Mapping the Route of Paul's 'Second Missionary Journey' From Dorylaeum to Troas," *TB* 48.1 (1997), pp. 1-22; Glen L. Thompson and Mark Wilson, "The Route of Paul's Second Journey in Asia Minor," *TB* 67.2 (2016), pp. 217-246.
4 Raymond E. Brown, *An Introduction to the New Testament* (New York: Doubleday, 1997), p. 477. 『신약개론』(CLC).
5 Mikeal C. Parsons, *Acts* (Grand Rapids: Baker, 2008), p. 228.
6 Craig S. Keener, *Acts* (Cambridge: Cambridge University, 2020), p. 380.

함께 읽을거리

톰 라이트, 『바울 평전』, 박규태 옮김. 비아토르, 2020. 특히 pp. 277-287.
조나단 에드워드 편집. 『데이비드 브레이너드』. 여러 번역본이 있다.
십자가의 성 요한. 『어둔밤』. 방효익 옮김. 기쁜소식, 2012.
티시 해리슨 워런. 『밤에 드리는 기도』. 백지윤 옮김. IVP, 2021.

⚬⚬⚬ 함께 **나누어** 보기

1 성공적인 선교란 무엇일까? 성공한 선교사는 어떤 사람인가?

2 우리 신앙의 성공과 실패를 가르는 기준은 무엇일까?

3 내 계획과 고집으로 하나님의 계획을 망친 일이 있었다면 나누어 보자.

4 밤에, 어두움 가운데서 하나님을 경험했던 신앙의 기억이 있다면 나누어 보자.

5 우리를 향한 하나님의 계획이 항상 신실하다고 믿는가? 하나님이 '아니다'라고 말씀하실 때 우리는 어떻게 반응해야 하는가?

6 하나님과 깊은 관계 가운데서 하는 기도는 어떤 내용을 담고 있을까?

2장
일상을 가로질러 종말로, 종말을 가로질러 일상으로

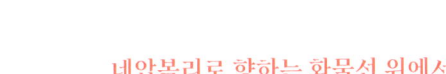

네압볼리로 향하는 화물선 위에서
49년 9월 25일

아침이 밝았다. 갑판 위에서 바라본 바다는 아름다우면서도 두렵다. 바다가 돌연 마음을 바꿀지도 모르기 때문이다. 지금은 윤슬이 반짝이며 평온해 보이지만 언제 또 파도가 치고 폭우가 내리면서 돌풍이 불지 모른다.[1] 행여 그렇게 되면 승객인 우리도 모두 배가 안전해질 때까지 선원들을 도와야 한다. 그럴 때 만에 하나 사람들이 내가 포세이돈을 섬기지 않는다는 사실을 알게 되면, 나를 바다에 던져 버릴지도 모른다.[2]

뱃사람들은 너나없이 바다의 신들, 특히 포세이돈을 섬긴다. 그리고 출항하기 전에는 보통 바다에서의 안녕을 빌며 제사를 지낸

---

1 참고. 막 4:35-41.
2 참고. 욘 1:4-16.

다. 대부분은 동물을 제물로 바치지만, 사람을 바치기도 한다. 예전에는 자주 사람을 희생 제물로 바쳤지만, 요즘은 이런 인신 공양에 대한 거부감이 커졌다. 희생 제물이 만들어 낸 연기가 신의 노여움을 풀거나 신을 기쁘게 한다고 사람들은 믿는다. 희생 제사는 신의 은혜를 요구하는 행위다. 신은 사람들의 제사에 반응하고 적절한 보상을 해 줄 의무가 있다. 사람들은 그렇게 믿는다. 반대로 바다에서 닥친 재앙은 모두 포세이돈이 노했기 때문이라 생각한다. 제사를 제대로 드리지 않았거나, 제물에 흠이 있었거나, 누군가 포세이돈에게 밉보였다고 여긴다.

누구에게나 그렇겠지만 바다는 내게도 공포의 대상이다. 그러나 포세이돈을 두려워하지는 않는다. 내가 공포를 느껴서 혹은 바다에서의 안전을 위해 마음속으로라도 포세이돈을 숭배하는 일은 없을 것이다. 더욱이 인신 공양에 참여하는 일은 절대 없을 것이다. 하나님은 이미 오래전에 아브라함이 이삭을 제물로 바치려 할 때 이 일을 멈추셨고, 거부하셨다.[3] 또 하나님을 향한 내 신앙은 공포심에서 비롯된 것도 아니고, 잠시 잠깐의 안녕을 위한 열망에서 온 것도 아니다. 하나님으로 가장한 포세이돈을 섬기는 일도, 그와 비슷한 것을 전하는 일도 내게는 없을 것이다.

해가 떠오르자, 갑판에서 자던 승객 모두가 일어날 준비를 했다. 배가 익숙치 않은 사람들은 아마 한숨도 자지 못했을 것이다. 실제

---

[3] 창 22:1-19; 레 18:21.

로 뱃멀미로 고생해서 얼굴이 새파랗게 질린 사람도 몇 보았다. 배에 처음 탄 모양이다. 디모데도 약간 속이 안 좋다고 한다.

그제 밤 우리는 운이 좋았다. 환상을 본 후 곧바로 마케도니아로 건너가기로 작정했지만, 배가 있을지 모를 일이었다. 늦은 밤에 출항하는 배를 찾기란 여간 쉽지 않다. 다행히 급히 드로아를 떠나 사모드라게를 거쳐 네압볼리의 항구로 가는 화물선을 하나 찾았다. 이 배에 우리를 위한 자리도 있었다. 그리고 정말 다행인 것은 아직 겨울이 오지 않았다는 사실이다! 조금만 더 갈라디아 혹은 무시아 지역에서 헤맸다면, 걷잡을 수 없이 일정이 늘어졌을 수 있다. 추운 겨울에는 적당한 배를 찾기가 정말 어렵고, 배를 찾는다 해도 겨울에 이동하는 것은 크나큰 부담이다. 10월이면 폭풍이 잦아지고, 안개가 시야를 가려 버린다.[4] 그러니 정말 다행이었다.

일이 순조롭게 풀렸지만, 배를 타느라 남은 돈을 거의 다 썼다. 그나마 드로아에서 일을 해서 다행이었다. 그날 번 돈으로 빌립보에 도착할 때까지는 버틸 수 있을 듯하다.

별일 없이 네압볼리에 도착한다면, 바로 빌립보로 향하려 한다. 순풍이 부니 예정보다 반나절은 일찍 도착할 것 같다. 빌립보에서는 두세 달이라도 머물며, 돈도 벌고 복음도 전하려 한다. 여행 경비를 충분히 모아야 다른 도시로 안전하게 움직일 수 있다. 물론, 선교 여행이 내 계획대로 되지 않는다는 것은 이미 충분히 경험했

---

[4] 참고. 행 27:27-28:10.

으니, 일정이 연기되거나 행선지가 바뀌어도 조급함이나 당혹감을 느끼지는 않을 듯하다.

행복한 일이 또 있다. 누가가 우리 여행에 합류했다.[5] 드로아에서 환상을 보기 직전에 그를 만났다. 그는 지리와 역사를 잘 안다. 마케도니아에서 선교할 때 큰 도움을 줄 것이다. 계획하지 않았던 마케도니아로 갑자기 향하게 되어서, 여러 고민이 생긴 것이 사실이다. 어느 도시로 가야 할지 정하지 못했고, 그 지역 도시들은 어떤 곳인지, 어느 길이 가장 안전한지 잘 몰랐다. 그런데 어제 갑판에 누워 거의 밤을 새우다시피 하며 누가와 이야기를 나눴다. 약간 과장을 섞으면 그는 스트라본Strabo[6]만큼 마케도니아의 역사와 지리를 꿰뚫고 있다. 천군만마를 얻은 기분이다. 여행은 혼자서는 어렵다. 선교 여행은 더욱 그렇다. 나 혼자 모든 일을 감당할 수 없는 노릇이다. 편지를 쓰는 일도, 편지를 배달하는 일도, 이전에 세웠던 교회를 방문해 소식을 듣는 일도, 어디로 갈지 결정하는 일도, 길을 찾는 일도, 가르치는 일도, 연보를 모금하거나 재정이나 후원금을 관리하는 일도 혼자 감당할 수 없다. 그런 의미에서 누가처럼 특별한 지식이나 능력이 있는 동역자와의 만남은 큰 도움이 된다. 선교와 목회는 협력이 생명이다.

---

5   행 16:10에 이르면, 주어가 "그들"에서 "우리"로 바뀐다. 많은 주석가는 누가가 이 시기에 합류해서 주어가 "우리"로 바뀌었다고 설명한다.
6   고대의 유명한 지리학자이자 역사가다. 그가 쓴 17권 분량의 『지리학』은 바울 서신을 연구할 때도 매우 유용하다.

나중에 누가에게 우리 선교 이야기를 헤로도토스Herodotos의 『역사』나 호메로스Homeros의 『오디세이아』 같은 형식으로 기록하는 것을 제안해 볼까? 아니, 완전히 새로운 형태로 써야 할지도 모른다. 어쨌든 이런 것들은 말도 안 되는 이야기다. 이런 일에는 전문 지식과 경험도 중요하지만, 충분한 시간과 체력, 돈이 필요하기 때문이다. 길게는 몇 년이 걸릴 수도 있다. 이 작업은 꽤 고통스럽다. 그렇지만 만약 이런 일을 할 기회가 생긴다면, 나는 누가가 적임자라고 생각한다. 조금 과장하는 경향이 있긴 하지만 말이다.

생각난 김에, 디모데와 실루아노에 관해서도 기록해 두어야겠다. 디모데는 성품이 훌륭하고 마음이 따뜻하다.[7] 다른 이에게 깊이 공감한다. 사람들도 모두 그를 좋아한다. 무엇보다 그의 이름처럼 하나님에게 영광을 돌리는 삶을 산다.[8] 여러모로 성도들의 본이 될 만한 인물이다. 갈라디아와 무시아에서 우리가 겪은 어려움에 대해 얼마 전에 이야기를 나누었는데, 그도 나처럼 그 일을 통해 하나님과 더 가까워지는 계기가 되었다고 한다. 그 말에 마음이 놓였다. 그리 오랜 시간 함께하지는 않았지만, 신뢰할 만한 사람이라는 사실을 알기에는 충분했다. 나중에 나를 대신해 이미 세운 교회를 방문해서 성도들을 위로하고 가르치는 일을 부탁해야겠다. 어쩌면 나보다 교회를 하나 되게 하는 데 더 적합한 사람인지도 모른다. 내가

---

[7] 행 16:2; 빌 2:19-24; 고전 4:17.
[8] 디모데의 이름 '티모데오스'(Τιμόθεος)는 '명예' '영광'을 뜻하는 '티메'(τιμή)와 하나님을 뜻하는 '데오스'(θεός)를 합성해서 만든 것이다.

씨 뿌리는 역할을, 그가 물 주는 역할을 하면 좋겠다는 생각도 해본다. 사실 대화할 때 디모데도 내게 상당히 중요한 이야기를 했다. "교회를 세우고 적절한 때 떠나 다른 지역에서 복음을 선포하고 또 다른 교회를 세우는 것도 중요하지만, 각 교회에 지도자를 세워서 성도들을 계속 양육하는 것도 중요하지 않을까요?" 당연하다. 가능하다면 앞으로는 한 지역에 조금 더 오래 머물러야겠다. 그리고 장기적으로는 그런 양육하는 일을 디모데에게 맡기고 싶다.

실루아노는 충직할 뿐만 아니라 지도력도 갖추고 있다. 앞장서서 일하는 사람은 아니지만, 필요할 때면 항상 옆에서 도움을 주는 사람이다. 그래서 옆에 있는 것만으로도 듬직하고 힘이 된다. 빠짐없이 짐을 챙겼는지 확인하고, 시간이 얼마나 흘렀는지를 알려 주고, 뒤에서 힘들어하는 사람을 격려한다. 편지를 쓸 때도 디모데와 함께 옆에서 항상 도움을 준다.[9] 함께하는 동안은 잘 모르다가 곁에 없을 때 그가 얼마나 큰 존재였는지 깨닫는, 그런 사람이다.

이렇게 세 사람은 이번 선교 여행을 통해 하나님이 내게 주신 선물이다. 하나님에게 어떻게 보답해야 할지 모르겠다. 감사와 찬양을 돌릴 뿐이다.

오랜만에 하루가 평온하다. 동역자들과 더 깊이 이야기를 나누는 시간이기도 했다.

---

[9] 살전 1:1.

이 일 때문에 나는 **디모데**를 여러분에게 보냈습니다.

그는 주님 안에서 얻은 나의 사랑하는 신실한 아들입니다.

그는 그리스도 [예수] 안에서 행하는 나의 생활 방식을

여러분에게 되새겨 줄 것입니다.

어디에서나, 모든 교회에서 내가 가르치는 그대로 말입니다.

고린도전서 4장 17절, 저자 강조

그러나 바울은 **실라**[실루아노]를 택하고,

신도들로부터 주님의 은혜가 함께 하기를 바라는

인사를 받고서 길을 떠났다.

그래서 시리아와 길리기아를 돌아다니며, 모든 교회를 튼튼하게 하였다.

사도행전 15장 40-41절, 저자 강조

그 환상을 바울이 본 뒤에, **우리**는[**누가**를 포함한 바울의 선교팀][10]

곧 마케도니아로 건너가려고 하였다.

우리는, 마케도니아 사람들에게 복음을 전하기 위하여,

하나님께서 우리를 부르신 것이라고 확신하였기 때문이다.

사도행전 16장 10절, 저자 강조

---

10 사도행전의 '우리 부분'(we section) 또는 '우리 자료'(we material)에 대해서 학자들이 다양한 논의를 해 왔다. 여기서 이 문제에 대해 자세히 논할 수는 없지만, 이렇게 말하고 싶다. '우리'를 주어로 두고 사건을 묘사하는 구절은 확실히 독특하며, 나는 사도행전 저자가 직접 선교 여행에 참여했기 때문에 "우리"라고 썼을 것이라는 주장에 동의한다. 이 장의 5번 주를 참고하라.

화물선 위 각양각색의 사람들
49년 9월 26일

여행은 고단하고 위험하다. 하지만 즐겁기도 하다. 그 가운데 하나는 다양한 사람을 만날 수 있다는 점이다. 지금 이 화물선에도 여러 승객이 탔다. 편지를 배달하는 배달부도 있고, 내후년에 고린도에서 개최되는 이스트미아 제전Isthmian Games에 참석하고자 미리 배를 탄 운동선수와 시인도 보인다. 일자리를 찾아 거처를 옮기는 노동자들, 종교적 목적으로 여행길에 오른 순례자들, 철학 스승을 찾아 길을 떠난 예비 학생들도 있다. 출신지, 출신 성분, 피부색, 쓰는 언어도 각양각색이다. 각자 사연을 가지고 새로운 이야기를 써 내려가기 위해, 혹은 과거에서 도망치기 위해, 길을 떠난 사람들이다.

이 가운데 몇몇은 둘러앉아 함께 도박을 즐기고 있었다. 요즘은 제비뽑기보다 주사위를 활용한 게임 탈리tali[11]가 유행이다. 그들도

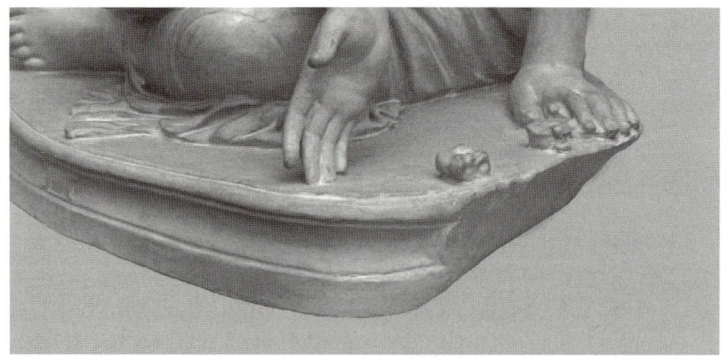

탈리를 던지는 로마 소녀 조각상에서 탈리를 확대한 사진이다.

탈리를 하고 있었다. 한 사람이 네 개의 탈리를 던졌다. 그러면서 그는 승리의 여신 니케가 자기 편이기를 기원하며, 뜻 모를 주문을 중얼거렸다. 반대편 사람은 일이 잘 풀리지 않는지 한 대 때릴 기세로 앞에 있는 사람을 노려보았다. 이 사람은 상대방이 속임수를 쓰고 있다고 생각하는지도 모른다. 곧 싸움이 일어날 것 같아서 나는 자리를 옮겼다. 비슷한 장면을 자주 목격했기에 이제는 분위기만 봐도 싸움이 날지 안 날지 짐작이 간다.

많은 사람이 도박을 취미로 삼는 것이 속상하긴 하지만 이해는 간다. 이해되다가도 또 화가 나기도 한다. 대부분 평범한 사람들에게 인생은 도박 같다. 그들은 생존을 '운'이나 '운명'에 맡길 수밖에 없다. 아무리 발버둥을 쳐도 생존 자체가 쉽지 않으니, 그저 운이나 운명에 삶을 내던지는 것이다. 마치 제비나 탈리를 던져 운명을 정하거나 운세를 보듯이 말이다. 운명의 여신들, 모이라이 Moirai[12]에게 모든 걸 맡긴다고 할 수도 있겠다. 탈리를 던지는 행위는 신에게 드리는 기도인 동시에 인생을 건 도박이기도 하다. 물론 그들도 도박할 때처럼 나름대로 위험성과 확률을 계산하며 살아가지만 말이다. 내가 살펴본 바에 따르면 열에 여덟은 이렇게 살아가는 듯하다.

그리고 요즘은 도박처럼 속고 속이는 게 일상이다. 속이지 않으면 속고, 그러면 혼자만 뒤집어쓴다. 오죽하면 요즘 "주는 즉시 돌려받아라!" "친구를 대할 때 그가 적이 될 수 있음을 잊지 말아라"

---

[11] 동물 뼈로 만든 고대 로마의 주사위이자 이를 활용한 도박을 일컫는다.
[12] 그리스 신화에서 인간의 운명을 결정하는 세 명의 노파 클로토, 라케시스, 아트로포스.

하는 격언이 유행하겠는가? 무표정한 얼굴을 하고선 남을 속이는 것, 그렇지 않더라도 끊임없이 상대를 의심하는 것은 중요한 생존 기술이다. 이 생존을 위해 사람들은 서로에게서 무엇이라도 더 빼앗으려 한다. 그래 봤자 모두가 제로섬 게임일 뿐인 도박을 하고 있다. 그들은 도박을 통해 인생과 운명을 배운다.

나는 이런 사람들에게 전혀 다른 생존 방법과 삶의 방식을 소개한다. 운과 운명에 맡기지 않고도 진정한 삶과 생명을 얻는 법, 남을 속이지 않고도 함께 생존하는 법을 알리려 한다. 쉽게 말해 나는 구원을 전한다. 내가 전하는 복음이 이들의 삶에 소망, 사랑, 신뢰를 회복하리라고 확신한다. 절망의 상황 가운데 의심이 아니라 소망을 갖게 하고, 미움과 질투와 싸움이 가득한 세상에서 사랑을 품게 하고, 사기와 속임수와 불신이 만연한 문화에 서로를 신뢰하게 하는 것이다. 이는 그야말로 기쁜 소식이며, 예수 그리스도는 이 기쁜 소식의 알파와 오메가시다. 사람들에게 필요한 건 도박이 아니다. 예수 그리스도가 하나님의 아들 되심을 듣고 그분의 생명에 참여하면서, 주님의 날을 열렬히 기다리는 것이다.

가끔 사람들은 내가 미래에 미쳐 있다고 생각한다. 완전히 틀리진 않다. 내가 종말에 일어날 일을 기대하면서 거기에 몰두하는 것은 사실이니까. 하지만 그렇다고 나의 전도가 사람들에게 도박 대신 마약을 권하는 것은 아니다. 그들로 미래의 단꿈을 꾸면서 현실을 부정하게 하려는 것이 아니다. 현실을 거부하거나 포기하고, 현재 삶을 도외시한 채로 미래로 도망치는 것이 내가 말하는 삶의 방식은 아니다. 그랬다면 정신없고 어지러운 도시를 돌아다니며 선교하기보다는 사막으로 들어갔을 것이다. 혹은 도시에서 선교하더라도 사람들을 사막으로 보내, 거기서 교회를 이루게 했을 것이다. 아마 그 교회는 쿰란 공동체[13]와 유사한 형태가 되었을 것이다. 성도들에게 '자기 손으로 일하십시오' '우리는 세상 밖으로 나가 살 수 없습니다' '바깥 사람들을 대할 때 품위 있게 살아가십시오'라고 거듭 권면하지도 않았을 것이다.[14] 종말을 이야기할 때 나는 마지막에 이렇게 덧붙이곤 한다. "주님의 일을 더욱 많이 하십시오."[15]

   내게는 현재 삶과 미래에 대한 소망을 구분하는 것 자체가 이상하다. 이건 마치 사람의 머리와 다리를 절단해 놓고 사는 것과 같다. 현재 삶과 미래에 대한 소망, 이 둘은 진자 운동을 하듯 서로 영향을 주고받는다. 미래에 있을 부활에 대한 기대, 종말에 대한 소망은 우리가 현재 살아가는 삶의 방식을 송두리째 바꾸어 놓는다. 거꾸로 말해서 우리가 현재 살아가는 삶의 방식이 종말을 기준으로 송두리째 바뀌지 않으면, 종말을 바르게 열망하는 것은 아니라고 할 수 있다. 삶의 방식이 합당하게 변화하지 않았다면, 미안한 말이지만 그것은 종말을 열망하는 척만 한 걸지도 모른다. 실제로 그런 이들을 만나면, 종말에 대한 소망이 자연스럽게 이끄는 삶의 방식에 관해 나는 열렬하게 가르친다.[16]

---

13   광야에서 엄격한 공동생활을 하며 메시아를 기다렸던 유대인 공동체.
14   참고. 살전 4:11-12; 고전 5:10.
15   고전 15:58.

다른 예를 들 필요도 없다. 내가 보기에 로마인은 명예에 눈이 멀었다. 전 세대 그리스인들보다 심하다. 명예를 위해 더 심하게 경쟁한다. 사람을 돈으로 매수해서 굴욕적으로 자신을 찬양하게 만들기도 하고, 식사 자리에 '파라시토스'παρασῖτος[17]를 초대해서, 아니 그들을 허접한 한 끼 식사로 유혹해서 재롱을 떨며 자신에 대한 찬양시를 읊게 하기도 한다. 혹은 스스로 자랑을 늘어놓기도 한다. 그렇게 명예를 얻는다. 심지어 성도 가운데도 자신의 부, 지식, 집안을 자랑하며 다른 이들이 자신의 명예를 알아주기를 바라는 자도 있다.

이런 사람들은 대개 종말을 제대로 이해하지 못한 것이다. 종말에 대한 소망이 견고하지 않은 것이기도 하다. 종말에 일어날 부활은 썩어질 것이, 수치스러운 것이, 약한 것이 심기어져 썩지 않는 것으로, 명예로운 것으로, 강한 것으로 다시 살아나는 것이다.[18] 여기에는 자신을 스스로 드높여 허울 좋게 만들어 놓은 현재의 명예가 끼어들 틈이 없다. 미래에 누릴 비교할 수 없이 큰 명예는 현재의 명예를 사소한 것으로 만든다. 더욱이 하나님은 교회 안에서 덜 명예롭다고 여겨지는 자들에게 더 큰 명예를 주신다.[19] 그러니 종말에 대한 소망은 명예에 대한 집착을 무너뜨리고, 명예를 부여하는 방식을 바꾼다. 교회에서는 부, 지식, 집안을 자랑하면서 명예와 사

---

[16] 고전 15장.
[17] 이 단어는 기생충을 뜻하는 영어 단어 'parasite'의 어원이지만, 처음부터 부정적인 의미는 아니었다.
[18] 고전 15:42-43.
[19] 고전 12:23-24.

회적 지위를 인정받는 대신, 세상에서 덜 명예롭다고 여겨지는 사람들에게 더 큰 명예를 부여한다. 로마인들처럼 자랑과 명예에 집착하면 종말에 대한 소망은 약해질 수밖에 없다. 반대로 종말에 대한 열망이 강해지면 로마인들처럼 자랑과 명예에 집착하며 살아갈 수는 없다.[20] 이런 의미에서 교회는 종말론적 공동체, 곧 종말을 현재로 끌어당기는 공동체다.

    이것이 종말에 대한 나의 생각이다. 나는 종말에 미쳐 있다. 그래서 현재 사람들이 살아가는 삶의 방식, 특히 명예에 대한 과도한 집착, 지나친 경쟁, 속임수와 의심, 운에 대한 열망, 운명에 대한 수동적 순응, 부도덕하고 음란한 삶을 안타깝게 바라본다. 내가 전하는 종말을 바르게 받아들인 사람들은 결국 로마 사회에서 가장 중요하게 여겨지는 '명예 문화' '경쟁 문화' '속고 속이는 문화'를 포기한다. 부활에 대한 소망은 여러 차원에서 로마인들이 살아가는 삶의 방식과 다른 방식으로 성도들이 살아가게 한다. 명예, 성, 경제 활동, 관계 등과 관련한 많은 것, 아니 모든 것을 뒤바꾼다. 우리는 말 그대로 새로운 피조물이다. 부활의 때를 기다리는 사람은 현재를 다르게 살아갈 수밖에 없다. 종말에 대한 열망은 아주 자연스럽게 변화에 대한 갈망, 혹은 만연한 문화적 강요나 정치적 선입견에 대한 저항으로 이어질 수밖에 없다.

    이런 생각을 하고 있을 때, 예상대로 도박하던 사람들 사이에 결

---

20   고전 1:26-31; 4:6-13.

국 싸움이 났다. 멀리서 난동을 부리는 소리가 들린다. 아마 어떤 사람이 속임수를 썼든지, 아니면 돈을 날린 사람이 상대방이 속임수를 썼다고 주장하며 속이는 상황일 것이다. 이들에게도 종말에 대한 열망이 있다면 얼마나 좋을까? 그랬다면 도박처럼 속고 속이는 식의 삶을 살지는 않았을 것이다. 싸움이 끝나면 저들에게 다가가 예수 그리스도의 복음을 나누어 볼까 한다.

우리 주님 예수께서 강림하실 때, 나와 모든 성도가 하나님 앞에 서 거룩하고 흠 없이 서기를 오늘도 기도한다.[21]

죽은 사람들의 부활도 이와 같습니다.

썩을 것으로 심는데, 썩지 않을 것으로 살아납니다.

비천한 것으로 심는데, 영광스러운 것으로 살아납니다.

약한 것으로 심는데, 강한 것으로 살아납니다.

...

그러므로 나의 사랑하는 형제자매 여러분,

굳게 서서 흔들리지 말고,

주님의 일을 더욱 많이 하십시오.

여러분이 아는 대로,

여러분의 수고가 주님 안에서 헛되지 않습니다.

고린도전서 15장 42-43, 58절, 저자 강조

---

[21] 살전 3:13.

빌립보에 도착하기까지
49년 9월 28일

네압볼리 항구에 내려 곧장 빌립보로 이동한 후, 막 짐을 풀었다. 오늘 하루는 일단 여관에서 머물기로 했다.

    처음 화물선에서 내렸을 때 누군가가 우리를 계속 따라오는 것 같은 불쾌한 느낌이 들었다. 꽤 멀리 걸어왔음에도 낯선 이들이 계속 우리를 주시하며 쫓아와서 노상강도일지 모른다고 생각했다. 경계하며 발걸음을 재촉하는데, 그들이 우리에게 더 가까이 다가왔다. 재빠르게 도망치거나 싸울 준비를 해야 할 판이었다. 사실 이미 두 번이나 길 위에서 도둑과 강도를 만난 경험이 있기에, 본능적으로 그런 태세를 취했다.

오늘날의 네압볼리

도둑이나 강도는 흔하다. 마을에서는 그나마 자경대라도 있어 보호받을 수 있지만, 도로나 여행자를 위한 여관에서는 보호받을 수 없다. 어떤 이들은 심지어 주변 모든 행인을 잠재적 도둑이나 소매치기, 강도로 의심해야 한다고 말하기도 한다. 그렇게 조심해야 그나마 안전하다. 자경대라고 해서 제 역할을 하는 건 아니다. 로마 정부가 이런 일에 나서는 경우는 그리 흔치 않다. 이전보다야 훨씬 나아졌지만, 그들도 손 놓고 있는 건 매한가지다. 로마 군인은 범인을 잡더라도 처벌하기보다는 뇌물을 요구하는 경우가 더 흔하다. 솔직히 그들은 법이라는 테두리 안에서 강도질하는 것이나 다름없다. 군인들이 폭리를 취한다는 것은 사람들도 잘 알고 있다. 그러니 사람들은 밤에는 도둑과 강도에게, 낮에는 합법적 강도인 로마 군인에게 이중으로 괴로움을 당하고 있다.

삶이 여유가 없고 힘겨워질수록 도둑, 강도, 소매치기, 산적, 해적의 수도 많아진다. 그들이 태어날 때부터 남의 소유를 빼앗는 자로 태어난 것은 아니다. 그 가운데 많은 이는 더는 법을 지키며 생계를 유지할 수 없게 된 사람들이다. 다시 말해 강도질과 도적질은 그들의 생존 기술이다. 그들도 먹고는 살아야 하기에 선택한, 비루한 '직업'인 셈이다. 이들에게 복음이 필요하다.

나는 사람들에게 복음을 전할 때, '주님의 날이 밤에 도둑처럼 올 것입니다'라고 자주 말한다.[22] 이 말을 들으면 사람들은 그 의미를

---

22 살전 5:2, 4.

정확히 알아듣는다. 다들 한두 번은 집에 도둑이나 강도가 들어 본 적이 있으니까 말이다. 그런 경험 덕에 주님의 날이 생각지도 못한 때, 반드시 찾아올 것이라는 사실을 쉽게 일깨워 줄 수 있다.

이렇듯 사람들의 삶은 안전하지 않다. 로마 사람들이 말하는 '평화와 안전' 또는 철학자들이 말하는 '자립과 자족'에 동의할 수 없는 이유다.[23] 이들의 구호와 철학은 배부른 자들만을 위한 것 아닌가? 대다수의 평범한 사람들이 정말 그들이 말하는 평화, 안전, 평안, 자립을 누릴 수 있는가? 단순히 강도질이나 도적질 때문만은 아니다. 사람들의 일상은 다양한 폭력과 위험으로 얼룩져 있다. 문제가 생기면 많은 이가 폭력을 행사하는 방식으로 문제를 해결하려 한다. 어떤 이는 잘못한 일도 없이 사람들 앞에서 인민재판을 받고, 재판하는 이들은 대중을 선동해서 그를 돌로 쳐 죽이거나 채찍질하기도 한다. 나도 몇 번 이런 일을 당할 뻔했다.[24] 내가 로마 시민이 아니었다면, 어쩌면 이미 세상을 떠나 그리스도와 함께 있었을지도 모른다. 땅을 떠나 그리스도와 함께 있기를 간절히 바라고 있기는 하지만 말이다.[25]

또 어떤 사람들은 자신의 명예가 모욕당했다면서 목숨을 건 싸움을 벌이기도 한다. 그뿐 아니라 단지 시비를 가리기 위해서도 자주 무력 다툼을 한다. 어떤 사람들은 판사 앞에 서는 것보다 이런

---

[23] 살전 5:3.
[24] 행 13:50; 14:5, 19; 16:37-39.
[25] 빌 1:23.

싸움을 더 공정하다고 생각한다. 판사들이 판결을 앞두고 뇌물을 받기 때문이다.[26] 질병은 또 어떤가? 사람들이 알 수 없는 전염병으로 죽어 나간다. 얼마 전 한 마을에서 주민 3분의 1이 전염병으로 죽었다. 공동 주택인 인슐라insula의 부실한 고층은 무너져 내리기 일쑤이고, 화재도 빈번하게 일어난다. 사람들은 이런 불안한 일들에 익숙해져서 으레 생기는 일로 여기기에 이르렀다. 그들이 운과 운명에 인생을 내맡기는 건 어찌 보면 당연한 일이다. 정말이지 모두에게 예수 그리스도의 복음이 필요하다.

사실 이건 나만의 생각이 아니다. 네압볼리에서 빌립보를 향해 걷는 동안 디모데, 누가, 실루아노와 함께 나눈 이야기다. 우리는 오랜 시간 함께 걸으며 자연스럽게 평화와 안전 그리고 하나님의 섭리에 관해 이야기 나누었다.

그런 대화를 하며 걷는데, 뒤따라오던 사람들이 우리에게 바짝 붙었고 우리는 그들과 손에 닿을 정도로 가까워졌다. 등 뒤로 그들의 숨결이 느껴질 정도였다. 그들이 더 가까이 다가오는 것을 느끼자, 나도 모르게 황급히 소리쳤다.

"주님 예수 그리스도의 길을 따르십시오! 그러면 안전합니다. 진정한 생명을 얻습니다." 그러자 그들은 멀뚱멀뚱 우리를 쳐다보았고, 곧이어 심각한 표정으로 되물었다. "그게 무슨 말입니까?" 나는 이렇게 대답했다. "가진 건 다 드릴 테니, 제발 걸을 수 있게는 해

---

26 고전 6:1-2.

주시오! 우리에게는 꼭 해야 할 일이 남아 있소." 그제야 상황이 파악되었는지 그들은 웃으며 말했다. "우리는 강도가 아닙니다. 흥미로운 주제로 이야기하시기에 주시하면서 엿들은 것뿐입니다. 우리는 어떤 상황에서든 배우기를 좋아합니다. 우리를 강도로 오해하신 듯한데, 우리의 과한 호기심이 선생님들을 불편하게 만든 것 같습니다. 무례를 용서하십시오." 서로 민망해하며 멋쩍게 웃었다.

그렇다, 그들은 그저 우리처럼 빌립보를 향해 걸어가는 중이었다. 알고 보니 에픽테토스Epictetus[27]를 스승으로 삼고자, 그게 안 되면 그에게 무어라도 가르침을 얻고자 에페이로스와 아테네로 길을 떠난 학생들이었다. 그들은 우리를 견유학파 혹은 스토아학파[28] 사람들로 생각했다고 한다. 왜 그렇게 생각했느냐고 물으니, 이렇게 대답했다. "손에 굳은살이 잔뜩 박여 있으니 험한 노동을 하는 사람들로 보였는데, 게다가 허름하고 염색하지 않은 옷을 입고 있으니 당연히 견유학파이겠다 싶었습니다. 이렇게 노동자이지만, 나름 고상한 주제로 이야기하는 사람들은 견유학파일 확률이 높지 않습니까? 그런데 이야기를 계속 들으니 우리 스토아학파의 가르침과 유사한 것 같아서 드물긴 하지만 노예 출신의 스토아학파 사람들은

---

27 브루기아 지역에서 노예로 태어나 대표적인 스토아학파 철학자가 된 사람이다(55년?-135년?). 대표작으로는 『엥케이리디온』과 『대화록』이 있다. 사실 바울이 브루기아 지역을 헤맬 때쯤 그는 엄마 배 속에 있었을 것이다. 시간상 바울의 일기에 등장할 수 없지만, 흥미로운 인물이기에 소설적 상상력을 발휘하여 등장시켜 보았다.
28 그리스 로마 시대를 대표하는 철학 학파 중 하나로, 우주의 질서, 섭리, 운명과 함께 절제, 자제력, 금욕과 같은 미덕을 강조했다.

아닌가 하고 생각했습니다. 사실 좀 헷갈립니다."

나는 그들에게 우리는 특정 철학 학파를 따르는 사람들이 아니라고 말해 주었다. 그들이 의아해하는 눈빛을 보였지만, 나는 아랑곳하지 않고 계속해서 설명했다. "우리는 견유학파나 스토아학파 같은 특정 학파를 따르는 사람들이 아닙니다. 우리는 그저 온 세상을 창조하신 하나님, 그리고 그분의 아들 주님 예수 그리스도를 따를 뿐입니다."

누군가 우리의 대화를 엿듣고 우리를 철학 학파쯤으로 오해하는 건 충분히 일어날 법하다. 어찌 보면 예수님을 따르는 일은 '종교'보다는 철학 학파를 따르는 것에 더 가깝게 보인다. 대부분의 로마 종교가 제사, 까다로운 의례 절차, 소원을 비는 기도, 신들의 호의에 집중한다면 철학 학파는 신의 섭리, 올바른 혹은 행복한 삶, 윤리와 도덕을 논한다. 교회는 제사를 지내지 않기에 로마인들이 보기에는 종교일 수 없을 것이다. 아니면 그저 '미신'을 믿는 집단으로 보일 수 있다. 더 심하게는 무신론자로 보일 수도 있다. 실제로 우리가 세우는 교회에는 "제단도 없고, 신상도 없고, 제사장도 없고, 산 제물을 바치는 일도 없고, 신전도" 없다.[29] 제우스나 포세이돈 혹은 황제를 섬기지도 않는다. 판테온[30]에 가거나 마을 축제에 참여하지도 않는다. 그러니 로마인들 눈에는 무신론자로 보일 것

---

[29] 래리 허타도, 『처음으로 기독교인이라 불렸던 사람들』, 이주만 옮김(이와우, 2017), p. 73.
[30] 그리스-로마 시대에 모든 신에게 바치기 위해 건축된 신전이다.

이다. 반면 신의 섭리와 엄격한 윤리 의식, 특히 이타주의와 도덕적 진보를 강조하는 말을 얼핏 듣고는, 스토아학파의 가르침과 닮았다고 생각할 수도 있을 것이다.

그들은 호기심 가득한 눈으로 나를 쳐다보았다. 콜로세움에 풀어놓은 굶주린 호랑이를 신기하게 바라보는 관람객이나 다름없었다. 우리와 이런저런 주제로 대화를 나누었는데, 그들은 내게 이런 질문도 던졌다. "진정한 안전과 행복이란 무엇이라고 생각하십니까? 또 진정한 자유란 무엇이라고 생각하십니까?" 나는 그들의 흥분을 먼저 진정시키고, 길가에 잠시 앉아 간단히 요기하며 이야기 나누면 어떻겠냐고 제안했다. 그들은 기꺼이 자기들의 딱딱하게 굳은 빵 몇 덩이를 우리에게 나누어 주며, 내 제안을 수락했다.

허기진 내가 빵을 한입 베어 물려는 순간, 그들은 급하다는 듯 이야기를 이어 갔다. "제 생각은 이렇습니다." 나는 아직 그들의 이름도 듣지 못한 상황이었다. 그들은 내 당황하는 표정을 읽고, 사과하며 말했다. "실례가 많았습니다. 아직 서로 제대로 소개하지도 않았군요."

그 가운데 한 사람이 계속 말했다. "저는 니코메디아에서 태어난 아리아노스[31]라고 합니다. 제 옆에 있는 친구는 오레스테스입니다. 보시다시피 저는 호기심이 많고 배우는 것을 좋아합니다. 그래서 철학을 배우기 위해 고향을 떠나 니코폴리스에 들렀다가 아테네

---

[31] 실제 에픽테토스의 제자 중 한 사람의 이름을 빌려 왔다. 에픽테토스의 글이 후대에 전수된 데는 그의 공이 컸다. 바울보다 두세 세대 뒤의 사람이다(86년?-160년).

로 가려고 합니다. 스승을 찾는 중인데, 에픽테토스에 대한 소문을 듣고 꼭 한 번 그의 가르침을 들어 보고 싶어졌습니다. 노예 출신이라고 해도 배울 내용이 있다면, 저는 기꺼이 귀를 열고 경청할 마음이 있거든요. 그의 가르침이 마음에 든다면, 그의 학파에 귀의할 마음도 있습니다." 우리도 간단히 우리를 소개했다. 내 출신을 듣고는 조금 놀라는 눈치였다. 겉보기와 너무 달라서였을까? 아마 나를 해방 노예 정도로 생각한 듯싶다. 하긴 지금 내 모습은 노예라 해도 이상하지 않을 만큼 초라하다. 실제로 나를 노예로 착각하고 함부로 대하는 이도 몇 있었다.[32] 예전 같으면 굴욕감을 느끼거나 화가 났겠지만, 이제 그런 것은 더는 중요하지 않다. 겉모습은 날로 낡아 가지만, 내 속사람은 날로 새로워지고 있다.[33]

아리아노스는 이제 자신이 이야기하고 싶은 주제로 토론해도 괜찮겠냐고 물어보았고, 나는 기꺼이 고개를 끄덕였다. 그는 어린아이 같은 천진한 표정을 지으며 자유와 행복과 안전에 대하여 말하기 시작했다. "자유와 행복에 관해 먼저 말해 보겠습니다. 세상만사 가운데는 우리 손에 달려 있는 것과 그렇지 않은 것이 있죠. 외부 상황이나 조건은 우리 마음대로 할 수 없습니다. 그런데 이런 것들이 마치 우리 손에 달려 있는 것처럼 행동하면, 우리는 그 외부 상황에 매인 채 노예가 되어 버리고 맙니다. 그것을 통제하려고 노력할수록 우리는 더욱 그 상황에 노예가 됩니다. 자유가 박탈되는 거죠. 외

---

[32] 고전 9:1.
[33] 고후 4:16.

부 일은 우리가 완전히 통제할 수 없으니까요. 우리는 우리에게 달려 있지 않은 일을 그대로 내버려 두거나 받아들여야 합니다. 이렇듯 우리는 타인 또한 통제할 수 없기에, 그들과 거리를 두어야 합니다. 다른 이에게 의존할수록 자신은 취약해지기 때문입니다.

우리가 통제할 수 있는 것은 그런 상황에 대한 우리의 내적 반응입니다. 상황에 따라 우리는 다르게 반응합니다. 판단하고, 욕망하고, 혐오하고, 사랑합니다. 이런 반응들은 우리 편에서 온전히 통제할 수 있습니다. 외부 일이나 타인에 대해서 우리는 지나치게 감정적으로 반응할 수도 있지만, 그러지 않을 수도 있습니다. 만약 감정적으로나 무언가에 사로잡힌다면 우리는 점점 더 노예가 될 겁니다. 외부 상황에 우리가 매몰되지 않는다면 우리는 자유로울 수 있습니다. 그저 이렇게 말할 수 있겠죠. '그건 내가 신경 쓸 바가 아니야.' 우리가 어찌할 수 없는 일은 그 상태 그대로 내버려 두어야 합니다. 예컨대 가족들이 아플 때, 우리는 근심하고 걱정하고 슬퍼할 수 있습니다. 하지만 거기에 사로잡힌다면, 우리는 그 상황의 노예가 됩니다.

마찬가지로 남들이 나를 조롱하고 비웃는다면, 그것은 어쩔 수 없는 일이지요. 남들이 날 모욕하는 상황도 내가 어찌할 수 없는 일입니다. 이런 일들에 사로잡혀 사는 것은 내 마음의 평정이 가진 가치에 비하면 더할 나위 없이 하찮습니다."

내가 되물었다. "한 가지 여쭙겠습니다. 그렇다면 세상의 무질서와 악도 그대로 받아들여야 한다는 말인가요?"

그러자 그가 예상했다는 듯이 곧바로 응수했다. "우리 눈에 자연이 무질서해 보여도, 실제로는 그렇지 않습니다. 신들은 세상을 공정하고 아름답게 섭리하고 있어요. 우리가 이해하지 못하더라도, 신들은 최상의 결정을 하는 겁니다. 그러니 신들을 탓하는 것은 어리석은 일입니다. 그저 우리는 신들의 섭리에 맞추어 우리 의지를 조율하면 됩니다. 어떤 일이 벌어진다 해도 마음의 평정을 유지할 수 있습니다. 신들의 섭리를 믿는다면요. 지금 일어나는 사건은 일어날 수밖에 없는 일입니다. 어쩌겠어요.

안전과 평화에 대해서도 마찬가지입니다. 신들의 섭리에 따라 로마 제국이 많은 지역을 정복했고, 이제 새로운 평화의 시대를 열었습니다. 법으로 통치하는 안전한 시대 말입니다. 제우스가 아이네아스와 로마인들에 대해 예언한 미래와 같습니다.[34] 로마 제국의 평화는 영원할 것입니다."

아리아노스가 아직 젊다는 사실을 감안하면, 꽤 깊이 고민하고 공부했음이 느껴졌다. 훗날 이름을 날릴지도 모르겠다. 다만 나는 그의 생각 대부분에 동의할 수 없었다. 그래서 정중하게 나의 생각, 아니 내 믿음에 관하여 말해 주었다. "어느 정도는 동의할 수밖에 없겠군요. 저도 외부 상황에 흔들리지 않는 자립이나 자족, 자유가 중요하다고 생각해요. 그래서 '배부르거나, 굶주리거나, 풍족하거나, 궁핍하거나, 그 어떤 경우에도 적응할 수 있는 비결을' 배우는

---

[34] 베르길리우스, 『아이네이스』, 1.257-294. 여러 번역본이 있다.

중입니다.[35] 사실 그런 경지에 다다랐습니다. 무언가에 매몰된다면 그것의 노예가 될 수 있다는 문제 제기에도 공감합니다.

   그래도 몇 가지 다른 생각을 이야기해야겠습니다. 외부 상황에 매달리거나 누군가에게 의존하는 태도가 노예적이라고 하셨지요? 그리고 감정적으로 누군가에게 혹은 어떤 문제에 몰입하는 성향이 문제라고 하셨지요? 저는 이 부분에 대해서는 다시 생각해 보아야 한다고 말하고 싶습니다. 이것이 부정적이기만 할까요?

   저는 특정 철학 학파에 속하지는 않았지만, 그와 유사한 공동체를 제가 방문하는 지역마다 세웁니다. 이 공동체를 향한 제 이상이 있습니다. 아니, 하나님의 이상이지요. 그것은 누군가 고통당할 때 혹은 기쁜 일이 생겼을 때, 서로의 상황에 의도적으로 그리고 의지적으로 감정적 몰입을 하는 것입니다. 슬픔, 불안, 걱정, 두려움과 같은 모든 감정을 서로 적극적으로 공유합니다. 기쁨과 행복은 말할 것도 없습니다. 이런 공감은 우리 자신을 취약하게 만들기도 합니다. 하지만 저는 이런 사랑의 취약성을 열렬히 환영합니다. 저는 공동체의 일원이 극심하게 아프면, '슬픔 위에 슬픔'을 더해 느낄 겁니다.[36] 저는 공동체의 상황에 따라 괴로워하거나 걱정하고 때로는 눈물을 흘리기도 하며, 기뻐하거나 위로받고 행복해합니다. 제가 이 공동체의 지도자이면서 노예이기 때문입니다.[37] 그들을 위해

---

35 빌 4:12.
36 빌 2:27, 새한글.
37 고후 4:5.

서라면 저는 노예가 될 수 있습니다. 그래서 저는 당당하게 동료들에게 '사랑으로 서로 종노릇하라'고 이야기합니다.[38]

이렇게 서로에게 의존할 때, 서로를 노예처럼 섬길 때 우리는 더 안전해집니다. 이 세상은 어그러져 있습니다. 세상에는 악이 만연합니다. 악과 죄와 죽음의 권세는 우리를 넘어뜨리고 집어삼키려고 호시탐탐 노리고 있습니다. 로마 제국이 선전하는 영원한 평화요? 글쎄요. 저는 제우스의 예언이 틀렸다고 생각합니다. 거리를 보세요. 신음하는 사람들의 소리가 들리지 않나요? 굶주린 사람들의 비명이 들리지 않나요? 원형 경기장에서 피 흘리는 사람들은 어떤가요? 저는 로마 제국 방방곡곡을 돌아다니고 있습니다. 수많은 도시를 방문했지요. 제가 목격한 건 평화가 아니라, 일그러져 버린 사람들의 일상이었습니다. 미움과 기만과 폭력에 지친 기색이 역력했습니다. 도대체 누구를 위한 '팍스 로마나'Pax Romana인가요? 이들에게는 로마 제국이 말하는 구원이 아니라, 진정한 구원이 필요합니다.

지금 이 세대에는 완전하고 영원한 평화가 없습니다. 그렇다고 제가 신의 섭리를 믿지 않고, 믿음이 약하다고 오해하지는 않았으면 좋겠습니다. 저는 무신론자도 아니고, 신의 섭리를 인정하지 않는 사람도 아닙니다. 오히려 그 반대입니다! 그저 평화라는 문제에서는 시간을 분별하는 것이 중요하다고 생각해요. 우리는 역사의 시간표에 민감해야 합니다. 지금은 어떤 때입니까? 이 시기는 여전

---

38   갈 5:13, 개역개정.

히 무질서와 악이 만연한 때입니다. 보면 아시지 않습니까?

하나님의 아들 예수 그리스도가 이 땅에 평화를 가져오셨고, 곧 영원한 평화를 완성하시기 위해 다시 오실 겁니다. 하나님의 아들이 '노예'의 모습을 하고 이 땅에 오셔서, 하나님이 직접 통치하시는 왕국을 선포하시고 평화를 선언하셨습니다.[39] 그 평화의 왕국, 곧 하나님의 왕국이 아직 완전히 오지는 않았습니다. 예수님이 다시 오실 텐데, 그때 모든 권세는 그분의 발 앞에 엎드리게 될 것입니다. 당연히 죄와 죽음의 권세도 무너질 겁니다. 하나님과 우리 사이를 이간질하고, 사람과 사람 사이를 이간질하던 악의 세력이 무너질 겁니다. 우리로 죄를 짓게 하는 죄의 세력이 무너질 겁니다. 또 우리를 죽음으로 몰아넣는 죽음의 세력이 완전히 무너질 겁니다. 우리는 하나님의 섭리와 평화에 우리의 생각과 의지를 스스로 조율할 수 없어요. 이것은 불가능합니다. 예수 그리스도가 우리에게 찾아오시기 전까지는요. 죄와 악과 죽음의 권세는 우리가 미움과 기만, 폭력 가운데 뒹구는 삶을 살도록 충동질하고 있으니까요. 그러나 곧 이런 잔당들도 패배하고 물러나게 될 것입니다. 그날이 바로 주님의 날입니다!

그때까지 예수님을 따르는 성도들은 우리 주님 예수 그리스도처럼 서로에게 종노릇하며 평화를 누립니다. 또 이 불합리와 고난과 고통을 그리고 다른 무엇보다 악과 죄를, 서로에게 의지하면서,

---

[39] 빌 2:7.

궁극적으로는 예수님을 의지하면서 견뎌야 합니다. 이렇게 말하고 싶습니다. 우리 모두 '이제까지 함께 신음하며, 함께 해산의 고통을 겪고 있다는 것을' 압니다. 그러나 '곧 피조물도 썩어짐의 종살이에서 해방되어서, 하나님의 자녀가 누릴 영광된 자유를' 얻으리라는 소망이 있습니다.[40] 자유, 행복, 안전, 평화, 영원한 왕국, 이 모든 것은 그리스도로부터 시작해서 그리스도로 완성됩니다."

여기까지 들은 아리아노스와 그의 친구는 상당히 당황한 눈치였다. 그들은 흔들리는 눈빛으로 내게 이렇게 묻는 듯했다. '제우스의 예언을 받아들이지 않는다고? 로마 제국이 선사하는 평화와 안전을 반박한다고? 신이 섭리하는 세상에 악과 죄와 무질서가 가득하다고? 이름도 듣지 못한 신인(神人)이 세상의 모든 문제를 해결한다고? 도대체 어떤 철학 학파가 이런 황당한 주장을 하는가?' 내 이야기는 아직 시작도 안 했는데 말이다. 그래도 그들은 꽤 교양 있는 친구들이었다. 가끔 이렇게 이야기하면, 돌부터 들거나 조롱하는 사람들도 있었다. 어떤 로마인들은 내가 반제국적·반체제적이라며 돌을 들었고, 어떤 유대인들은 아브라함의 하나님과 신성한 전통을 모독하는 급진적 사상을 전파한다고 욕했으며, 어떤 이교도들은 나를 무신론자라고 비난했다. 또 신상을 만들어 파는 상인들은 내가 그들의 장사에 방해된다고 고발했다.[41] 아리아노스와 그의 친구의 상대적으로 온화한 반응은 도리어 나를 당황시켰다.

40 롬 8:21-22.
41 참고. 행 19:23-40.

그 뒤로도 짧게 몇 가지 사안에 관해 더 이야기하고 헤어졌다. 그들과 나눈 대화도 중요했지만, 사실 내 마음은 이미 빌립보에 가 있었다. 그들도 내 마음을 어느 정도 눈치챈 듯했다. 아리아노스는 헤어지며 마지막으로 인사했다. "솔직히 처음엔 많이 당황했지만, 토론하며 선생님에게서 많이 배우기도 했습니다. 말씀하신 이야기에 관해 한 번 고민해 보겠습니다. 그럼 안전한 여행길 되시기를 헤르메스에게 빕니다. 평안히 가십시오." 나도 그들의 평안을 빌어 주었다. "온 우주의 왕이신 예수 그리스도를 만나는 지적 여정이 되시기를 바랍니다. 그리스도의 은혜와 평강이 당신들에게 있기를 빕니다."

그러고 나서 우리는 빌립보로 가는 발걸음을 재촉했다. 주님의 날이 오기 전에 어서 빌립보에 도착하기를 바라면서 말이다.

주님의 날이 밤에 도둑처럼 온다는 것을,
여러분은 자세히 알고 있습니다.
사람들이 "**평안하다, 안전하다**" 하고 말할 그때에,
아기를 밴 여인에게 해산의 진통이 오는 것과 같이,
갑자기 멸망이 그들에게 닥칠 것이니,
그것을 피하지 못할 것입니다.
데살로니가전서 5장 2-3절, 저자 강조

말씀으로 한 걸음 더 ❷

종말과 일상
고린도전서 15장, 데살로니가전서 4:13-5:11

종말론eschatology은 말 그대로 마지막 때에 관한 이야기다. 이 단어는 '마지막'을 뜻하는 '에스카토스'ἔσχατος에 '말' '글' '이론'을 뜻하는 '-로기아'-λογία를 합성한 말이다. 그래서 종말 혹은 종말론에 관해 생각할 때 '마지막 때에 일어날 일'에 집중하는 것은 자연스럽다. 그런데 바울의 종말론을 다룰 때 '마지막 때'에 대해서만 이야기한다면, 바울의 의도를 충분히 담아내지 못한 것이다. 이렇게 말할 수 있는 몇 가지 이유가 있다.

첫 번째로 우리는 바울이 종말에 관한 이야기를 갈무리할 때 보여 주는 독특한 습관에 주목해야 한다. 그 습관이란 "그러므로"라는 접속사를 사용하면서 현재의 삶에서 어떻게 살아야 할지를 권면하는 것이다. 대표적인 예가 고린도전서 15장이다. 쉰여덟 절에 달하는 이 긴 장은 종말, 특히 부활 이야기로 가득하다. 그래서 흔히 이를 '부활 장'으로 부른다. 흥미로운 구절은 마지막 58절이다. "**그러므로** 나의 사랑하는 형제자매 여러분, 굳게 서서 흔들리지 말고, 주님의 일을 더욱 많이 하십시오. 여러분이 아는 대로, 여러분의 수고가 주님 안에서 헛되지 않습니다(저자 강조)." 이 구절은 고린도전서 15장의 결론이 확실하다. 이는 부활과 종말에 대한 소망이 어떤 방식으로든 현재의 신앙생활 혹은 삶과 분명히 연결된다는 사실을 알려 준다. 특히 바울은 "주님의 일을 더욱 많이 하십시오" 하고 권면하는데, 이 명령은 교회를 건실하게 세우는 일을 포함한다. 게다가 그는 마지막으로 이러한 "여러분의 수고가 주님 안에서 헛되지 않습니다"라고 말한다. 이때 바울은 미래형으로 '헛되지 않을 것입니다'라고 쓰지 않았다. 현재형으로 "헛되지 않습니다"라고 썼다.

이뿐 아니다. 부활 장 중간에 작은 한 단락이 마무리되는 시점에도 바울은, 부활에 대해 바르게 이해하지 못하면 "내일이면 죽을 터이니, 먹고 마시자"라고 이야기할 거라며(32절), 부활과 종말을 바르게 이해함으로써 "똑바로 정신을 차리고, 죄를 짓지 마십시오"라고 권면한다(34절). 한 걸음 더 나아가면 부활은 단순히 현재 삶의 윤리적 태도에만 영향을 미치는 것이 아니다. 바울은 부활 소망이 '날마다 죽는 삶'과 이어진다고 말한다(31절). 앤터니 티슬턴Anthony C. Thiselton에 따르면, 이 "죽음의 삶"은 실제 죽음에 직면하는 일, 그리스도의 죽음과 화음을 이루어 살아가는 일, 기독교적 삶 안에 있는 취약성과 연약성을 받아들이는 일 모두를 의미한다.[1] 여기서 다시 한번 강조하고 싶은 것은, 바울의 사고 안에서 부활 소망은 현재를 살아가는 삶의 방식과 밀접하게 잇닿아 있다는 사실이다. 부활에 대한 소망이 현실 삶의 동력이자 나침반이라는 인상을 준다.

데살로니가전서에도 비슷한 논리 구조가 보인다. 바울은 이 편지에서 종말에 관해 길게 논하면서 두 번의 결론을 다음과 같이 맺는다. "**그러므로** 여러분은 이런 말로 서로 위로하십시오"(살전 4:18). "**그러므로** 여러분은 지금도 그렇게 하는 것과 같이, 서로 격려하고, 서로 덕을 세우십시오"(5:11). 종말에 관한 긴 이야기는 서로 위로하여 지나치게 슬픔에 빠지지 않는 일과 연결되고, 더 나아가 서로를 격려하고 덕을 세우는 일과도 이어진다.

데이비드 갈런드David E. Garland는 고린도전서 15장을 주석하면서 "미래의 실재는 현재의 실재를 채색한다"라고 결론 내리는데, 이 말은 바울 서신 전반에 적용될 수 있다.[2] 미래에 대한 이해 혹은 소망은 긍정적이든 부정적이든 현재의 삶과 실재에 강력하게 영향을 미친다. 그러니 누구든 종말을 다룬다면 마지막 때에 관한 이야기로만 결론을 맺는 것이 아니라, 바울처럼 현재 삶에 관한 이야기로 마무리해야 한다.

고린도 교회에는 여러 문제가 있었다. 왜 이런 문제들이 일어났을까? 여기에는 복합적인 이유가 있지만, 한 가지 큰 원인은 성도들의 종말론에 대한 오해다. 바울이 고린도전서 15장에서 부활과 종말을 길게 다룬 이유는, 많은 학자가 동의하듯 고린도 교회 성도 일부가 잘못된 종말 사상을 품었기 때문이었다. 그들은 바울의 종말론을 수정해서 '실현된 종말론'을 믿거나, 아예 종말을 받아들이지 않았다. 이는 단순히 종말론만의 문제가 아니며 고린도 교회의 다양한 문제와 연결된다. 교회에서 스스로를 높이며 자랑하는 것, 분파를 만드는 것, 지나치게 명예를 추구하는 것(고전 4:6-13), 부족한 지체를 업신여기는 것, 기쁨과 영광을 함께 나누지 못하는 것(12:20-26), 바울이 보기에 이 모두는 그들의 잘못된 종말론에서 기인했다. 그들이 '아직' 이루어지지 않았다는 사실을 잊은 채 "벌써" 배부르고 "벌써" 풍성했기 때문이며(4:8) 수치스러운 것으로 심어도 영광스러운 혹은 명예로운 것으로 다시 살아나리라는 소망이 없었기 때문이다(15:43). 이렇듯 올바른 부활과 종말에 대한 소망이 없기에 고린도 교회 일부 성도는 현실의 명예, 명성, 영광, 권력에 집착하면서 교회의 하나됨에 균열을 만들었다.

두 번째로, 바울의 종말론은 묵시적 색채를 강하게 띤다. 이는 단순히 마지막 때를 이야기하는 것을 넘어서 넓은 우주와 현실 세계를 이해하는 하나의 세계관 또는 렌즈를 제공한다. 이런 이유로 사람들은 그의 종말론을 종종 '묵시적 종말론'이라 부른다. 묵시apocalypse는 '계시'나 '드러냄'을 뜻하는 단어 '아포칼립시스'ἀποκάλυψις에서 기원한다. 요한계시록의 첫 단어가 바로 이 '아포칼립시스'다.

묵시(문학)의 의미를 쉽게 정의 내릴 수는 없지만, 눈여겨볼 만한 정의가 하나 있다. 존 콜린스C. John Collins와 아델라 야브로 콜린스Adela Yarbro Collins는 다음과 같이 묵시를 정의한다. "[묵시 문학은] 초월적 실재를 드러내는데, 이 초월적 실재는 종말론적 구원을 그린다는 측면에서 **시간적**이고, 그와 동시에 다른 차원의 초자연적 세계를 수반한다는 측면에서 **공간적**이다(존 콜린스). 이 같은 작품의 의도는 초자연적 세계와 미래에 비추어 현재 지상의 상황을 해석하는 것이고, 신의 권위를 매개로 하여 청중의 사고와 행동에 영향을 미치는 것이다(아델라 야브로 콜린스)."[3]

이 인용문에서 두 가지 사안에 주목해야 한다. 하나는 묵시가 드러내는 초월적 실재가 **시간적이면서 동시에 공간적**이라는 사실이다. 다시 말하면 묵시적 종말론에서는 미래에 무슨 일이 일어날지도 중요하지만, 우주적 공간에서 무슨 일이 벌어지고 있는지도 중요하다. 드넓은 우주 공간을 관찰하려면 망원경이 필요하듯 바울은 묵시라는 렌즈를 통해 우주에서 활동하시는 하나님을 포착했다. 한 가지 더 주목할 점은 묵시 자체가 현재 일어나는 지상의 상황을 이해하려는 시도라는 것이다. 묵시는 미래적이고 우주적인 사건을 담아내지만, 한편으로는 현재 이 땅에서 일어나는 사건을 이해하는 창이기도 하다. 특히 묵시는 현실 세계에서 발생하는 '의인들의 고난'을 더 넓은 우주라는 맥락에서 이해하려 한다.

우주라는 공간에서 어떤 일이 일어나고 있는가? 바울에 따르면 이 세대의 권세, 곧 죄와 죽음과 육체의 권세와 사탄이 정신과 의지를 가지고 살아서 활동하고 있다. 이 살아 있는 실체들은 의인들을 괴롭히고(참고. 단 7:21, 25; 11:33-35), 사람들을 미혹해서 두려움과 욕망을 자극하며 이를 통해 실제로 죄를 짓게 만든다(참고. 고후 2:11; 롬 8:8). 심지어 이들은 "빛의 천사"로 가장해서 매력적이고 아름다운 모습으로 나타나, 소름 끼치게도 정의를 행하는 척 사람들을 속이기도 한다(고후 11:14-15). 사람들은 실제로 악의 영향력과 승리를 매일 경험하며 동시에 의인들의 고난과 고통을 목격한다. 인간은 이러한 죄와 죽음과 육체의 권세가 행사하는 영향력 아래 있지만,

하나님이 여기에 개입하셔서 모든 권세를 굴복시키시고 승리하실 것이다(참고. 단 7:26-27). 이는 단순히 미래에 있을 일은 아니다. 예수 그리스도께서 이 땅에 오신 사건 자체가 이미 이런 일이 시작되었음을 뜻한다(참고. 빌 2:6-11; 고전 15:20-28). 이 세대의 권세가 승리하고 있는 듯 보이지만, '예수 그리스도의 묵시'를 깨달은 사람들은 그것이 그들의 마지막 몸부림이라는 사실을 안다(단 7:12; 고전 2:6). 그래서 성도는 이 세대의 권세가 행사하는 영향력과 유혹에서 벗어나 그리스도께만 달라붙은 채로(롬 8:38-39), 참담하고 아름답지 않은 현실을 견딘다.

그러므로 이 묵시는 세상을 이해하는 하나의 세계관이다. 그리고 이는 이 세계관을 가진 사람들이 살아가는 삶의 방식을 직조한다. 예를 들어 성도들은 예수님의 승리하심을 이미 알며 죄와 죽음의 권세와 사탄이 잠시만 힘을 떨치리라는 사실을 알기에, 이들의 계책에 속지 않고 이들의 일시적 승리에 미혹되지 않는다(갈 5:16-21). 더 구체적으로는 교회를 분열시키는 일이나 타인을 슬프게 하는 일에 참여하지 않는다. 대신 용서하고 화해하는 일에 앞장선다(고후 2:5-11). 또 죄와 죽음과 육체의 권세에 지배당하여 몸의 사욕에 순종하지 않고(롬 6:12), 명예와 성공과 부에 대한 집착에서 벗어난다. 아무리 매력적인 일이라고 해도, 아무리 승리하고 성공하는 길이라고 해도, 아무리 배부르고 높아지는 일이라고 해도, 아무리 숭고해 보이는 일이라 해도, 사탄의 유혹에 넘어가 종노릇하지 않는다. 설령 배고프고 헐벗는다고 해도, 비난받고 손가락질을 받는다고 해도, 아무 이유 없이 고통과 고난을 당한다고 해도 하나님에게 달라붙어 있는 삶을 산다. 바울처럼 말이다(고후 4:7-15; 6:3-10; 11:23-29). 그러면, 바울처럼 종말론적으로 '겉사람은 파괴되고 있지만, 속사람은 날마다 새로워집니다' 하고 고백하게 된다(고후 4:16-5:10).

이처럼 바울의 종말론은 우리가 살아가는 오늘의 삶과 밀접하게 잇닿아 있다. 종말에 대한 소망은 현재 우리가 살아가는 삶의 방식을 변화시키고, 성공과 실패의 정의를 변화시키고, 명예와 수치의 역학 관계를 변화시키고, 타인과 관계하는 방식을 변화시키고, 현실과 역사를 이해하는 시선을 변화시키며 세계관을 변화시킨다. 우리 자신에게 솔직하게 물어봐야 할 질문은, 우리가 이 시대 권세들의 영향력 아래서 종노릇하고 있는지, 아니면 하나님의 영향력 아래 있는지다.

1 Anthony C. Thiselton, *The First Epistle to the Corinthians* (Grand Rapids: Eerdmans, 2000), p. 1250. 『NIGTC 고린도전서』(새물결플러스).
2 David E. Garland, *1 Corinthians* (Grand Rapid: Baker, 2003), p. 748. 『BECNT 고린도전서』(부흥과개혁사).
3 Adela Yarbro Collins, *Cosmology and Eschatology in Jewish and Christian Apocalypticism* (Leiden: Brill, 1996), p. 7.

함께 읽을거리

조엘 그린. 『하나님 나라』. 정은찬 옮김. 터치북스, 2021.
티머시 곰비스. 『약한 자의 능력』. 이성하 옮김. 감은사, 2023.
베벌리 로버츠 가벤타. 『로마서에 가면』. 이학영 옮김. 도서출판학영, 2021.

⭕⭕⭕ 함께 **나누어** 보기

1 당신은 종말을 얼마나 기대하고 있는가? 큰 기대가 없다면 왜 그런가?

2 종말을 바르게 기대한다는 것은 어떤 의미일까?

3 종말에 대한 열망과 소망이 현재 우리 삶에 영향을 미치고 있는가? 어떤 영향을 미치고 있는가? 만약 아무런 영향도 미치지 못한다면 왜 그런가?

4 바울이 마음에 품은 '묵시적 종말론'은 어떤 특징이 있는가?

5 당신은 현재 죄와 죽음과 육체의 권세 아래 있는가, 아니면 하나님의 영향력 아래 있는가?

6 이 세상의 영광, 자랑, 명성, 권력은 성도들이 미래에 누릴 영광에 비하면 얼마나 초라한 것인지에 대해 나누어 보자.

2부
빌립보에 가다

3장
빌립보 교회의 현재와 미래, 여성들

예기치 못한 환대
49년 10월 15일

우리는 루디아의 집에 사흘째 머물고 있다. 덕분에 오랜만에 편하게 일기를 쓴다. 루디아는 예기치 못한 하나님의 선물이다. 빌립보에 도착했을 때 우리는 더할 나위 없이 기뻤다. 드디어 하나님이 부르신 땅에 도착했다. 이곳으로 오면서도 하나님의 인도하심을 느꼈다. 한밤중에 승선할 배를 구한 것부터 바람의 방향이나 안개 같은 기상 상황도 모두 순조로웠다. 덕분에 큰 어려움 없이 무사히 빌립보에 이르렀다. 마음은 무척이나 기뻤지만, 몸은 어쩔 수 없이 녹초가 되었다. 몸은 거짓말하지 않는다. 한동안 무리한 게 쌓인 모양이다. 그러던 중 감사하게도 루디아를 만났고, 그녀의 집에 잠깐 머물 수도 있었다. 실은 그녀가 우리가 거절하지 못하도록 강하게 권했다. 루디아 덕분에 길고 힘든 여행의 여독을 조금이나마 풀고 있다.

고대 빌립보 유적

우리에게 그녀의 환대는 그야말로 선물이다.

   루디아에 대해 더 자세히 쓰기 전에, 먼저 밀린 이야기들부터 간단히 기록해 두어야겠다. 빌립보로 오는 길에 누가는 우리에게 이 도시를 짧게 소개해 주었다. "여기는 '마케도니아 지방에서 으뜸가는 도시요, 로마 식민지'입니다.[1] 그 유명한 두 번의 빌립보 전투가 있었던 곳이기도 합니다. 바로 여기서 옥타비아누스와 안토니우스가 브루투스와 카시우스를 격파했지요. 서쪽 평야에서 말입니다. 전에도 이 도시는 정치·상업·교역의 중심지였는데, 이제는 로마 제국에서 더욱 중요한 곳이 되었습니다. 그렇다고 도시 거주민들 모두가 행복하다는 말은 아닙니다. 이 지방에 원래 거주했던 그

---

[1] 행 16:12.

리스 사람들은 살기가 더 팍팍해졌습니다. 그리고 마케도니아의 다른 도시들보다, 아니 여느 다른 도시들보다 더 로마처럼 변하기도 했지요.

빌립보 사람들은 장사에 능합니다. 무엇이든 돈이 된다면 팔 수 있는 사람들이거든요. 이 사람들은 노예들로 점을 치게 만들어서 돈을 벌기도 합니다.[2] 그래서 신들린 노예들을 찾아 사들이기도 합니다. 광산에서 나는 금이나 은을 비롯한 여러 광물은 워낙 유명하고, 염료 같은 여러 특산물도 있습니다. 에그나티아 가도 Via Egnatia[3]를 통해 여기저기로 가서 이런 물건들을 팔기도 합니다. 그러다 보니 상인들이 만든 어소시에이션 association[4]도 상당히 많고 활발하게 활동한다고 들었습니다. 우리에게 필요한 일자리도 다른 도시보다는 구하기 쉬울 겁니다.

마지막으로 한 가지만 더 말씀드릴게요. 여기에는 유대인 회당이 없다고 뱃사람들에게 들었어요. 근처에 기도처[5]는 있지 않을까 싶긴 합니다. 그리고 여기 사람들은 유대인들에 대한 반감이 있으니, 조심해야 합니다."

2 참고. 행 16:16-18.
3 마케도니아를 관통하여 로마와 비잔티움을 연결하는 로마 제국의 대표적인 도로 중 하나다. 이 도로의 가장 큰 목적은 군대의 이동을 용이하게 하는 것이었다.
4 고대 그리스-로마 사람들의 보편적이었던 모임의 형태를 총칭하는 용어다. 이 공동체는 주로 장례, 신 숭배, 만찬을 위해 모이며 경제적으로 협력하기도 했다. 그래서 중세 길드와 비슷해 보이더라도 완전히 다른 특성을 갖는다. 주로 '조합'이나 '협회'로 옮기지만, 어떤 번역어도 의미를 정확히 살리지는 못한다.
5 열 명 이하의 유대인 남성들이 모이면 기도처, 그 이상이 모이면 회당이라 불렸다.

에그나티아 가도

빌립보를 경유하는 에그나티아 가도를 나타내는 후대에 세운 비석

우리는 먼저 숙소를 구한 다음, 일자리를 찾았다. 누가의 말처럼 일자리를 구하는 데 큰 어려움은 없었다. 아침부터 시장 골목에 나가 줄을 길게 설 필요도 없었다. 여러 가게가 모인 골목에 가죽 공방이 있기에 나는 거기서 단기간 일할 수 있는지를 알아보았다. 다행히 급히 일손이 필요하다고 해서 일단 열흘 동안 일하기로 했다. 품삯도 예상보다 많이 받을 수 있었다. 가죽을 다루는 내 기술을 인정해 준 것이다. 가게 주인은 자신이 속한 가죽 상인 어소시에이션에 한번 와 보라고 초대하기도 했다. 시간이 나면 나도 한번 가 보려 한다.

며칠 일하면서 이 도시 사람들에게 복음을 전할 방법을 고민하려고 했다. 회당이 없으니, 일이 끝나면 아고라로 나갈 계획도 세웠다. 첫날 일터에 있는데, 한 유대인 여성이 텐트를 주문했다. 원하는 크기, 모양, 용도, 시기를 물어보고 이런저런 대화를 나누었다. 그녀는 내가 유대인이라는 사실을 알고는, 멀지 않은 곳에 기도처가 있다는 사실을 알려 주었다. 내가 관심을 보이자, 서쪽으로 30분 정도 걸어가면 된다고 말하며 가는 길도 자세히 안내해 주었다. 그리고 빌립보 사람들은 유대인을 그리 좋아하지 않으니 조금은 조심해야 한다고 귀띔했다.

나흘 후 안식일이 되어 기도처를 찾아가 보았다. 유대인 손님이 알려 준 곳으로 가 보니, 실제로 기도처가 있었다. 강기테스강 근처 사방이 뚫린 곳에 여성들이 주로 모여 있었다. 바로 여기서 루디아를 만났다. 그녀는 이방인이었지만 유대교에 관심이 많았고 꽤 성실하게 모임에 참석하는 "하나님을 두려워하는 사람"God-fearer 가운데 하나였다.[6] 내가 예수 그리스도의 복음을 선포할 때, 그 말을 가장 귀담아듣던 여성 가운데 하나이기도 했다. 나는 우리가 그토록 기다리는 메시아가 예수님이며, 그분이 곧 이 땅에 다시 오실 것이라고 열정적으로 선포했다. 그때가 되면 유대인이든 이방인이든, 노예든 자유인이든, 남자든 여자든 그와 같은 구분은 중요하지 않을 것이라 말했다. 또 이런 종말의 때는 예수 그리스도의 이름으로 세례받은 사람들에게 이미 시작되었다고 이야기했다. "'유대 사람도 그리스 사람도, 종도 자유인도, 남자와 여자 모두가 하나'입니다![7] 그리스도 안에 있으면요. 세례를 받는 순간 말이에요."

이 선포는 미래와 현재를 모두 담고 있다. 종말의 때는 이미 시작되었고, 예수님이 다시 오시는 날에 완성될 것이다. 그러면 인종이나 성별, 신분 모두가 사소해진다. 사소한 것을 중요하다고 주장하면, 중요한 것이 사소해진다. 교회 안에서 인종이나 성별 혹은 신분을 내세우면, 종말은 사소해진다. 종말이 우리에게 중요해지면, 저런 차이는 모두 사소해진다. 부끄럽게도 나의 선조 가운데는 아침에 일어나 '이방인으로 태어나지 않아서 감사합니다. 여자로 태어나지 않아서 감사합니다. 노예로 태어나지 않아서 감사합니다' 하고 기도한 사람들도 있었다. 여전히 그렇게 기도하는 이들이 있

---

[6] 참고. 행 13:16. "하나님을 두려워하는 사람"은 이방인이지만 유대교에 큰 관심을 가지고 회당 모임에 참석한 이들을 통칭하는 말이다.
[7] 갈 3:28; 고전 12:13.

다. 그러나 이제 종말의 때가 시작되었다! 저런 기도는 옛 시대의 유물이다. 나는 또한 이런 식의 이야기를 덧붙였다.

　이야기를 마쳤을 때 한 여성이 나에게 다가와 자신을 소개했다. "저는 두아디라 출신, 루디아입니다. 유대인들은 저를 하나님을 두려워하는 사람이라고 부르지요. 옷과 옷감 가게들이 모여 있는 골목에서 자주색 옷감을 팔고 있습니다. 당신의 이야기를 조금 더 듣고 싶습니다." 주님이 루디아의 마음을 열어 주시는 것이 느껴졌다. 그녀는 내가 전한 복음에 깊은 관심을 보이며, 종말의 때에 대해 더 자세히 물었다. 나는 바로 대답해 주었다. "이 세대는 악한 세대입니다. 죄와 죽음, 악의 권세가 다스리고 있습니다. 우리는 거기에 종노릇하고 있지요. 그런데 우리 주님 예수께서 메시아로 이 땅에 오셔서, 그분의 죽음과 부활을 통해 죄와 죽음의 권세를 무너뜨리고 승리를 선언하셨습니다. 예수 그리스도께서 다시 오시는 날, 하나님은 이 승리를 확정하시고 새 창조를 선포하심으로써 완성하실 것입니다. 우리는 하나님이 왕으로 온전히 통치하시는 왕국을 열렬히 기다려야 합니다. '주 예수를 믿으십시오. 그러면 그대와 그대의 집안이 구원을 얻을 것입니다.'"[8]

　대화가 끝나자마자 루디아는 기쁨에 차서 나에게 물었다. "저도 성령으로 세례받을 수 있을까요? 저도 세례를 받아 예수님의 죽음과 생명에 참여할 수 있을까요? 저 같은 사람도 그리스도와 연합할

---

[8] 행 16:31, 새한글.

루디아가 세례받은 곳으로 추정되는 장소 가운데 한 곳

수 있을까요?" 나는 당연하다는 듯 고개를 끄덕였다. 그 기도처는 강에 인접해 있었기 때문에 우리는 그날 바로 루디아에게 세례를 줄 수 있었다. 루디아는 자신뿐 아니라 온 가솔을 데려와 함께 세례 받았다. 그녀의 노예도 세례받았다. 이렇게 그녀의 가족이 그리스도 안에서 새로운 가족이 되었다. 그녀의 가족은 마케도니아 선교의 첫 열매다. 그리고 그녀가 세례를 받은 후 더 놀라운 일들이 일어났다. 나중에 그녀는 자신과 친한 여성들, 유오디아와 순두게도 우리에게 데려왔다.9 놀랍게도 그들도 세례를 받고 싶다고 말했다. 그 후에도 몇몇 여성이 우리를 찾아와 관심을 보였다.

풍성한 생명을 누리는 한바탕 잔치가 끝나고 우리는 기쁨으로 충만해졌다. 특별히 루디아는 마치 새로운 옷을 입은 듯 온몸에서

9 참고. 빌 4:2.

빛이 나는 것 같았다. 그녀는 기쁨을 주체할 수 없어 했고, 우리를 자기 집에 초대하고 싶다고 했다. 우리가 망설이자, 루디아는 우리의 옷을 잡아끌며 우리에게 강권했다. "원래 제가 이렇게 막무가내는 아니에요. 하지만 우리 집에 오서서 함께 식사하고 머무르신다면 저에게 큰 기쁨일 거예요. 바울 사도님에게 명예를 구하려는 게 아니에요. 여러분을 피후원자client로 두어 후원자patron가 되고 싶은 마음은 제게 추호도 없어요. 식사하면서 저에게 명예를 돌리거나 찬양하지 않으셔도 됩니다. 우정의 표시라고 생각해 주세요. 사도님의 말씀처럼 이제 우리는 한 가족 아닌가요? 저를 믿음의 사람으로 생각하신다면, 꼭 우리 집을 방문해 주시면 좋겠습니다. 여러분은 하나님이 제게 보내신 선물입니다." 루디아의 본심을 듣고 나서야, 우리는 흔쾌히 초대에 응했다.

우리는 루디아의 환대 덕분에 평소보다 편하게 쉬고 있다.

리디아가 세례를 받았고, 그의 집안도 세례를 받았다.
그때에 리디아가 간청하며 말했다.
"저를 주님 잘 믿는 여자로 판단하신다면,
제 집에 들어오셔서 머물러 주십시오."
그러고는 우리를 **잡아끌고** 데려갔다.
사도행전 16장 15절, 새한글, 저자 강조

루디아의 집에서

49년 10월 20일

루디아의 집에서 첫 모임을 했다. 그녀의 가족뿐 아니라, 유오디아와 순두게도 참석했다. 그 외에도 몇 명 더 모여 함께 만찬을 나눴다. 그 시간만큼은 흔히 행해지는 로마 방식으로 만찬을 나누지 말자고 제안했고, 모두가 동의했다. 우리의 만찬은 사회적 지위에 따라 자리와 음식을 나누지 않았고, 자화자찬하거나 파라시토스를 들여서 모임 주최자의 명예를 드높이지도 않았다. 우리 또한 루디아의 업적을 칭찬하지 않았는데, 그녀가 이를 원치 않았다. 루디아가 말했다. "우리는 종말의 때를 살고 있으니 지금 우리는 종말의 만찬을 나누는 거잖아요." 그날은 식탁에서 과시도, 칭찬도, 명예 돌리기도 없었다. 우리는 그저 하나님에게만 영광을 돌렸다.

공식 모임이 끝나고 우리는 각자 살아온 삶에 대해 나누었다. 그때 나는 루디아에 대해 더 자세히 알 수 있었다. 유오디아와 순두게를 알아가는 시간이기도 했다. 루디아가 먼저 운을 뗐다. "저는요." 모두 숨죽여 경청했다. "이미 아시는 것처럼 두아디라에서 태어났어요. 빌립보로 이사 온 계기는 남편의 갑작스러운 죽음이었어요. 우리는 고향에서 함께 염료를 만들어 팔아 재산을 모았습니다. 그곳에서 나름대로 평화롭고 행복한 나날들을 보냈지요. 그런데 알 수 없는 전염병이 우리 마을을 덮쳤고, 남편도 그 전염병에 걸려 심하게 앓다가 얼마 후에 세상을 떠났어요. 전 아직도 남편이 그립고,

그때 제게 닥친 우울과 고통, 슬픔을 잊을 수 없습니다.

하지만 어쩌겠어요. 남편을 떠나보내고 현실을 마주하게 되었어요. 아이들을 먹여 살려야 했거든요. 앞이 캄캄했습니다. 슬픔에 빠져 있을 시간도 없었지요. 마을에 저와 비슷한 처지의 여자가 꽤 많았어요. 우리 모두 하루아침에 과부가 되었습니다. 전염병이 온 마을에 곡소리를 만들었어요. 어떤 여자들은 돈이 될 만한 것들을 하나둘씩 팔아서 겨우 버텼습니다. 또 어떤 여자들은 의지할 데가 없어 몸을 팔기도 했고요. 부유한 부모의 도움으로 그리 어렵지 않게 생계를 유지하는 이들도 있었죠. 물론 운 좋은 소수뿐이었지만요. 살기 위해 과부들이 할 수 있는 건 많지 않았습니다. 저도 별의별 생각을 다 했어요. '여자보다 비참한 존재는 없어요.'"[10]

루디아는 눈물을 글썽이다가 다시 말을 이었다. "저는 이사를 결심했어요. 빌립보에 친척이 있었거든요. 모은 돈으로 친척과 함께 장사를 시작했어요. 여자 혼자서 장사하는 게 얼마나 힘든지 아시잖아요. 처음에 욕먹기는 부지기수였고, 심지어 협박도 받았어요. 목욕탕까지 따라와 저주하는 사람도 있었어요. 장사를 그만두라고요. 대부분은 뒤에서 수군거렸습니다. 저는 그저 참고 버텼어요.

그래도 남편의 일을 뒤에서 도우면서 요령을 터득해 둔 게 다행이었어요. 게다가 두아디라의 염료는 마케도니아에서 알아주는 지역 특산품이에요. 여러모로 운이 좋았죠. 사람들은 제게 부와 행운

---

10   Titus Maccius Plautus, *Bacchides*, 1.1.

의 여신 티케가 함께하는 거라고 말했어요. 가끔 고향 친구들에게 일어난 비참한 소식을 들을 때마다, 정말로 티케가 저와 함께하는지도 모른다고 생각했어요. 그래서 여신 티케에게 많이 기도했고, 빌립보 지역 대부분의 사람처럼 아르테미스를 섬기기도 했어요.

어느날 저는 유대인들의 하나님이 과부와 나그네를 돌보신다는 이야기를 들었어요. 놀랍지 않나요? 나그네의 신 헤르메스에 관해 들은 적은 있지만, 과부의 신이 있다는 건 처음 들었거든요. 알음알음해서 기도처 모임을 찾았고, 이렇게 참석하게 되었습니다.

그러던 중에 바울 사도님이 빌립보에 오신 거예요. 제게 말씀하셨잖아요. 예수 그리스도의 은혜는 남자든 여자든 성별에 상관없이 주어진다고요. 마지막 때가 되면 남자와 여자가 그리스도 안에서 하나가 될 것이고, 그러한 일이 지금 우리 모임에도 일어나고 있다고요. 솔직히 처음에 저는 충격을 받았습니다. 태어나서 그런 이야기를 들어 본 적이 없었거든요. 바울 사도님이 정신 나간 사람인 줄 알았다니까요. 그런데 듣다 보니 충격이 놀라움으로 변했어요. 그리고 세례를 받은 후에는 놀라움이 기쁨으로 변했어요. 지금 다시 생각해 보면 주님이 제 마음을 여신 거였어요."

잠시 침묵이 감돌았다. 그녀가 겪은 고난을 모두 헤아릴 수는 없었지만, 어느 정도는 그려졌다. 과부가 이렇게 자녀들을 키우며 경제적으로 독립해서 산다는 건 기적이었다.

루디아 덕에 다른 이들도 마음의 문을 열어 자기 이야기를 들려주었다. 다 기록할 수는 없지만, 간단하게라도 써 놓아야겠다. 순두게도 입을 열었다. "제 이름은 순두게Συντύχη예요. 부모님이 지어 주셨죠. 행운의 여신 티케τύχη가 함께σύν할 거라는 의미에서요. 이름만 듣고도 이미 아셨겠지만, 저는 해방 노예예요. 참 모순적이죠? 이렇게 불운하게 태어났는데, 행운의 여신이 함께한다니'말이에요. 아마 부모님은 태생이 그렇지 못하니 제발 그러기를 바라면서 이런 이름을 지으신 것 같아요. 제가 노예 신분에서 해방되었으니, 그리고 제 자녀들은 이제 노예나 해방 노예라는 딱지를 달고 살지 않아도 되니, 부모님의 소원이 어느 정도는 이루어진 셈이겠죠.

저는 솔직히 아직 루디아만큼 확신에 차 있지는 않아요. 하지만 세례받은 그 순간만큼은 성령님이 저와 함께하신다고 느꼈어요. 그 어느 때보다 소속감을 느끼고 있기도 하고요. 이 교회에 제 자리가 있다고 느껴요. 제 삶은 항상 이방인 같았거든요. 어디에도 속하지 못한 그런 사람 말이에요."

루디아가 순두게를 껴안아 주며 말했다. "우린 이제 가족이나 다름없어요. 하나님이 우리 아버지이시고, 우리는 그분의 자녀니까요. 예수 그리스도의 자녀됨을 우리는 공유하고 있어요." 얼마간 순두게는 어린아이처럼 루디아에게 안겨 있었다.

유오디아도 간단히 자신에 관해 이야기했다. "저는 사실 성공을 좇아 살아왔어요. 제 이름대로요. 순두게의 부모님과 비슷하게 제 부모님도 제가 성공하기를 바라면서 이름을 '성공'을 뜻하는 '유오디아'εὐοδία라고 지어 주셨죠. 그래서인지 저는 성공을 위해서라면 수단과 방법을 가리지 않았어요. 그런데 이제는 지쳤어요. 속고 속이는 삶에 넌덜머리가 납니다. 바울 사도님의 이야기를 들으며 진짜 성공이 무엇인지 고민하기 시작했어요.

저를 위해 기도해 주세요. 사실 아직 세례받았다고 가족에게 말하지 못했어요. 많이 걱정됩니다. 어느 가족이나 마찬가지이겠지만, 우리도 대대로 믿어 온 가족 신이 있거든요. 제가 더는 가족 신을 섬기지 못한다고 말하면, 남편과 심한 갈등이 생길지도 모릅니다."

그날 우리는 하나님 안에서 한 가족이었고, 그리스도 안에서 하나였다. 우리는 함께 하나님을 찬양하며 모임을 마쳤다. 우리보다 먼저 그리스도를 따랐던 신앙의 선배들이 남긴 찬양을 불렀다.

"하나님은 예수님을 지극히 높이셨고
모든 이름 위에 뛰어난 이름
그 이름을 예수님에게 선물하셨네.

그래서 예수님의 이름 앞에
하늘 위, 땅 위, 땅 아래 있는
모두가 무릎 꿇도록

또한 예수 그리스도는 주님이시라고
모든 입이 고백하도록.
하나님 아버지의 영광을 위해서!"
빌립보서 2장 9-11절, 저자 사역

빌립보를 떠나며

50년 2월 20일

    한동안 일기를 쓰지 못했다. 바쁘기도 했지만, 그보다는 매 맞고 감옥에 갇혀 있었기 때문이다. 하지만 우리가 감옥에 갇힌 덕분에 간수의 가족이 모두 하나님을 믿게 되었다. 얼마나 감사한지 모른다. 하나님은 어둡고 열악한 감옥에서도 역사하신다.[11]

    감옥에 갇히게 되었을 때 걱정이 많았다. 혹여나 갓 믿기 시작한 성도들이 시험에 들지 않을까, 그들의 믿음이 흔들리지는 않을까 하는 걱정이었다. 우리가 감옥에 갇힌 것을 충분히 신의 저주로 오해할 수도 있었다. 하지만 괜한 걱정이었다. 빌립보 교회는 루디아, 순두게, 유오디아를 중심으로 흔들림이 없었고, 디모데와 누가는 내 역할을 대신하여 그들을 보살피고 가르쳤다. 아무리 봐도 디모데는 교회를 돌보는 자질이 뛰어난 듯하다. 그는 성도들의 형편을 진심으로 헤아리고 걱정해 준다. 그의 됨됨이가 훌륭하다는 사실은 성도들이 나보다 더 잘 안다.[12]

    내가 그들에 대해 걱정할 필요가 없음을 깨달은 일이 있었다. 성도들은 실루아노와 내가 감옥에 갇혀 고생한다는 이야기를 듣자마자, 나를 걱정하며 찾아와 주었다. 또 그들은 감옥에서 먹을 저녁 식사를 가져다주었다. 그들이 아니었다면 빌립보에 연고도 없는 우

---

11   행 16:16-39.
12   빌 2:20-24.

현재까지 남아 있는 고대 빌립보의 감옥 입구

리는 감옥에서 배를 곯을 뻔했다.

  지난 석 달 동안 빌립보 교회의 성도들은 하나같이 믿음 안에서 성숙해졌다. 이보다 더한 기쁨이 있을까? 한번은 유오디아가 내게 다가와 자랑하며 말했다. "사도님, 저도 제가 아는 친한 지인에게 복음을 나누었습니다. 처음에는 매우 당혹스러운 표정으로 저를 바라보더니, 이야기를 다 듣고는 조금은 호기심이 생긴 듯했어요. 무엇보다 제 얼굴에 생기가 있고 기쁨이 넘쳐 보인다면서요. 어쩌면 그리도 행복해하냐고 물었어요. 그의 이름은 푸블리우스 발레리우스 아미키우스 루푸스예요. 언젠가 그도 저와 함께 신앙생활을 할지도 모르겠어요. 그는 자신이 가진 것보다 허세를 부리는 경향이 있어요. 그래도 사람은 좋다니까요." 의외였다. 유오디아는 다른 성도들에 비하면 미지근했다. 세례를 받을 때 몹시 기뻐한 루디아와는 다르게, 그녀는 세례 중에도 다소 무표정한 얼굴을 하고 있었다. 그 이후로도 무언지 알 수 없지만, 그녀의 얼굴에서 고민하는 표정을 이따금 보았다. 그러던 유오디아가 지인에게 자신이 새로 믿게 된 도에 대해 적극적으로 나눈 것이다.

  빌립보 교회가 튼튼해지니, 이제 다시 여행길에 올라야 할 때가 된 듯싶다. 겨울이 아직 다 지나지 않았지만, 영혼의 겨울을 보내고 있을 다른 도시 사람들을 생각하니 발걸음을 옮기지 않을 수 없었다. 사실 빌립보 지역 사람들이 우리에게 여기서 떠나 달라고 요청하기도 했다.[13] 더 머물러 있다가는 성도들에게 피해가 갈 수 있겠다 싶다.

모두가 루디아의 집에서 마지막으로 모였다.[14] 내가 떠난다고 하니 성도들은 슬퍼했다. 그래도 너그럽게 이해해 주었다. 다른 지역에도 교회가 세워지고, 복음이 선포되어야 함을 그들도 익히 알고 있었다. 최근에야 모임에 참석하기 시작한 글레멘드가 시무룩한 표정으로 말했다. "너무 섭섭합니다. 더 많은 이야기를 듣고 싶었어요. 아직 모르는 것도 많고, 이해하지 못한 것도 많습니다. 저도 딱딱한 음식을 씹어 먹을 만큼 신앙이 성숙해지면 좋겠어요. 저는 아직 어린아이 같아요. 그런데 어쩔 도리가 없죠. 데살로니가도 마케도니아에서 중요한 도시니까요. 거기에서도 교회가 세워지기를 기도하겠습니다."

그러고 보니 빌립보에 온 지 불과 넉 달 정도밖에 되지 않았다. 그새 교회가 워낙 훌륭하게 성장했고 성도들의 믿음 또한 성숙해서, 이들에게 돌봄과 가르침이 더 필요하다는 사실을 완전히 잊고 있었다. 그래서 디모데, 누가, 실루아노와 이 문제에 대해 따로 이야기 나누었다. 내가 물었다. "여러분도 아시다시피 복음의 씨앗이 빌립보에 뿌려진 지 얼마 되지 않았습니다. 갑자기 떠나려니 걱정이 되네요. 이에 대해 어떻게 생각하십니까?" 곰곰이 생각하던 누가가 말했다. "우리 가운데 누군가가 여기 남아서 조금이라도 더 성도들을 돌보다가, 다시 여행에 합류하는 것은 어떻습니까? 사실 저는 빌립보 교회가 튼튼해지는 걸 옆에서 지켜보고 싶기는 합니다.

13 행 16:39.
14 행 16:40.

그러니 제가 남아도 좋습니다." 누가의 말이 옳았다. 그리고 누가의 바람도 이해했다. 누가가 우리와 떨어진다면, 아무리 잠시뿐이라 하더라도 이는 우리에게 큰 손해다. 그런데 빌립보 성도들을 위해서는 꼭 필요한 일이다. 우리는 만장일치로 누가가 빌립보에 남는 데 동의했다.

그렇게 결정하고 난 뒤 다시 다 함께 모였고, 작별의 인사를 나눠야 했다. 내가 대표로 그들을 격려했다. "누가는 여러분을 위해 남을 겁니다. 그러니 우리의 작별을 너무 슬퍼하지 마시기를 바랍니다. 누가는 훌륭한 하나님의 일꾼입니다. 우리가 사랑하고 신뢰하는 동역자이기도 하고요. 그가 여러분의 신앙이 더욱 튼튼해지도록 옆에서 도울 거예요." 다들 안도하는 내색이었다.

나는 말을 이어 갔다. "저는 그저 놀랍습니다. 하나님이 일하시지 않았다면, 빌립보에서 이런 놀라운 역사가 일어나지 않았을 겁니다. 여러분은 하나님의 말씀을 받아들였고, 이렇게 교회가 세워졌습니다. 여러분을 통해 하나님이 일하고 계심을 주위 사람들도 깨닫습니다. 정말로 놀랍지 않습니까?

다만 제가 여러분에게 가르쳐 준 바를 계속해서 꼭 붙들고 있으십시오. 이미 얻었다고 생각도 마시고, 목적지에 다다랐다고 여기지도 마십시오. 계속해서 '그리스도를 알고, 그분의 부활 능력을 깨닫고, 그분의 고난에 동참하여, 그분의 죽으심을 본받[으십시오]."[15]

---

15 빌 3:10.

부르심의 상을 향해 달려가십시오. 주님이 늘 여러분과 함께하실 것입니다. 고난 중에는 더욱 그러실 겁니다." 그리스도의 마음을 품으면, 서로 다투지 않을 거라는 이야기도 덧붙였다. 다소 걱정되는 부분이 있었기 때문이다.[16]

그리고 나서 마지막 인사를 건넸다. "편지로 또 안부를 전하겠습니다. 주님의 평화가 함께하시기를 바랍니다."

인사를 나누고 루디아의 집에서 나오려고 했다. 그때 루디아가 성도들을 대표해서 한 걸음 내게 나아왔다. "바울 사도님, 저희도 선교에 동참하고 싶습니다. 데살로니가에 교회가 세워지는 일에 그리고 복음이 선포되는 일에 조금이라도 협력하고 싶어요. 그래서 성도들과 십시일반 연보를 모았습니다. 이 돈을 데살로니가에서 선교하며 필요한 곳에 사용해 주세요. 얼마 되지는 않지만 기쁨으로 모았고, 여기에는 우리의 마음이 담겨 있습니다. 다시 말씀드리지만, 저희는 후원자가 되려는 것이 아닙니다. 이 연보는 우정의 증표예요. 아니, 형제자매 사랑의 증표입니다.

아, 그리고 깜빡할 뻔했습니다. 데살로니가에 제 지인 아미오스가 있습니다. 18번가에 가시면 염료를 다루는 장인들이 모여 있어요. 그들이 만든 어소시에이션도 있고요. 거기서 수소문하면 그를 금방 찾으실 수 있을 거예요. 제가 추천서를 써 드릴 테니 한 번 만나 보세요. 분명 도움이 될 거예요." 루디아만이 아니라, 빌립보

---

[16] 참고. 빌 2:1-4; 4:2.

교회 전체가 나에게 선물이고 기쁨이라고 고백할 수밖에 없었다. 그들이 "나의 고난에 동참"하였으니, 이제 우리는 한배를 탄 것이나 다름없다.[17]

나의 기쁨이여, 잠시 안녕.

> 빌립보의 교우 여러분,
>
> 여러분도 아는 바와 같이,
>
> 내가 복음을 전파하던 초기에 마케도니아를 떠날 때에,
>
> **주고받는 일**로 나에게 협력한 교회는 여러분밖에 없습니다.
>
> 내가 데살로니가에 있을 때에도,
>
> 여러분은 **내가 쓸 것을** 몇 번 보내어 주었습니다.
>
> 빌립보서 4장 15-16절, 저자 강조

---

[17] 빌 4:14.

말씀으로 한 걸음 더 ③

초대교회 여성들을 기억하며

초대교회 구성원 가운데는 여성이 많았다. 단순히 수가 많았을 뿐 아니라, 교회 안에서 다양한 방식으로 목소리를 내고 영향력을 행사했다. 비록 아직은 우리에게 희미하더라도, 조금만 주의를 기울이면 그 목소리가 분명하게 들리기 시작할 것이다.

실제로 성경에는 수많은 여성의 이름이 기록되어 있다. 마태는 예수님의 족보에 당시 독자들을 당혹스럽게 만들 수도 있었던 다섯 명의 여성, 곧 다말, 라합, 룻, 우리야의 아내(밧세바), 마리아를 언급한다(마 1:1-17). 우리는 그녀들의 목소리에 귀 기울여 볼 수 있다. 마가는 예수님의 부활을 목격한 첫 증인으로 막달라 마리아, 야고보의 어머니 마리아 그리고 살로메를 내세운다(막 16:1). 예수님 시대에는 여성들의 '증언'이 가치가 없었다. 그런데도 이들은 예수 부활의 첫 증인으로서 성경에 기록되었다. 우리는 그녀들의 목소리에도 귀 기울여 볼 수 있다. 마가는 또한 값진 향유를 예수님의 머리에 부으며 그분의 죽음을 제대로 준비한 사람도 여성이라고 말한다. 또 그는 예수님이 "이 여자를 기억하게 될 것이다"라고 말씀하셨다고 기록한다(14:9). 그런데 예수님의 예언처럼 '그녀들의 이름과 행한 일들'은 얼마나 잘 기억되고 있을까? 이제부터 예수님의 말씀을 성취하기 위한 노력으로 초대교회 여성들, 특히 빌립보 교회와 관련된 여성들의 이름을 하나하나 복기해 보고 싶다.

로마 교회와 관련된 여성들부터 시작하면 좋겠다. 무수히 많은 인물이 로마에 있는 교회(들)에 보내는 편지의 마지막 인사에 등장한다. 특별히 로마서 16장 1-16절에는 총 스물아홉 명의 인물이 언급되는데, 여기서 여성은 열 명이다. 고대 편지에 이렇게 많은 여성을 언급하며 문안 인사를 하는 경우는 극히 드물다.

이 목록은 주목할 만한 인물인 뵈뵈, 브리스가, 유니아를 포함한다. 뵈뵈는 그 누구보다 중요한 역할을 감당한 여성이었을 것이다. 로마 교회에 마지막 인사를 하며, 언급한 첫 인물이 뵈뵈였다는 사실만 봐도 비범하지 않은 여성임을 알 수 있다. 뵈뵈는 '디아코노스'διάκονος, 곧 집사의 직분 혹은 섬기는 역할을 감당했고(1절), 동시에 '프로스타티스'προστάτις, 곧 바울을 포함한 많은 사람의 '보호자' '돕는 자' 혹은 '후원자'였다(2절). '디아코노스'와 '프로스타티스'가 정확히 무엇을 가리키는지는 논의의 여지가 있지만, 당시에 그녀가 교회를 섬기며 바울을 비롯한 많은 성도를 물심양면으로 도왔다는 사실은 분명하다.

브리스가(브리스길라)는 그녀의 남편 아굴라와 함께 바울의 사역에 직접 참여했을 뿐 아니라 자신의 집을 예배를 위한 장소로 내주었다. 이 부부는 신약 성경에 무려 여섯 번이나 언급된다(행 18:2, 18, 26; 롬 16:3; 고전 16:19; 딤후 4:19). 흥미로운 점은 네 번이나 아내 브리스가가 남편보다 먼저 언급된다는 사실이다. 남편이 죽지 않았다면 보통은 남성의 이름을 먼저 언급하는 것이 관례였다. 더 나아가 일반적으로 여성의 이름은 표기하지 않고 누구의 아내, 어머니 혹은 딸이라고만 언급했다. 그러므로 브리스가가 남편만큼, 아니 그보다 훨씬 더 바울의 사역에 이바지하는 바가 컸으리라고 추측해 볼 만하다.

유니아는 바울의 친척으로, 그와 함께 옥에 갇히기도 했다(롬 16:7).[1] 더 중요한 사실은 그녀가 바울보다 그리스도를 먼저 믿었을 뿐 아니라 '사도들 가운데서도 뛰어난' 혹은 '사도들의 눈에 뛰어난' 여성이었다는 사실이다. 토머스 슈라이너 Thomas R. Schreiner, 리처드 롱게네커 Richard N. Longenecker 등 많은 주석가는

7절을 '사도들의 눈에 뛰어난'보다는 '사도들 가운데서도 뛰어난'으로 번역하는 것이 옳다고 본다. 그렇다면 리처드 롱게네커가 추측하듯 유니아는 "로마에서 기독교를 세우는 일에 초석"이 되었던 사람 가운데 하나였을 가능성도 있다.[2]

이번에는 빌립보 교회로 눈을 돌려 보자. 우리는 빌립보 교회와 관련된 인물들의 이름을 거의 모른다. 단 네 사람이 전부다. 바로 루디아, 유오디아, 순두게, 글레멘드다(어쩌면 에바브로디도도). 흥미롭게도 이 가운데 세 사람이 여성이다. 표본이 많지 않기에 이 사실이 실제로 우리에게 알려 주는 건 거의 없다. 하지만 빌립보 교회의 리더십이 "처음부터 대부분 신실한 여성으로 구성"되었을 것이라는 모이세스 실바Moisés Silva의 주장이 완전히 억측은 아닌 것 같다.[3] 그의 말에서 "대부분"이라는 표현을 빼면, 더욱 근거 있는 주장이 된다. 다른 여성들은 몰라도 루디아, 유오디아, 순두게는 분명히 빌립보 교회에서 중요한 역할을 하면서 영향력을 행사했을 것이다.

누가는 루디아를 집중 조명한다(행 16:13-15, 40). 성경이 한 인물에 대해 4절 이상 할애하는 경우는 생각보다 드물다. 사도행전은 더욱 그렇다. 수많은 사건과 인물이 묘사되지만, 대부분 순식간에 지나가 버린다. 아예 언급조차 하지 못한 인물도 많았을 것이다. 그런데 어렵게 마케도니아로 온 바울 일행이 한 여성을 만나는 순간에, 누가는 시간을 멈추고 우리의 시선을 고정시킨다. 빌립보에서 여러 사건이 일어났을 것이고, 수없이 많은 사람을 만났을 것이다. 그런데도 누가는 마치 그 외의 사람들은 중요하지 않은 듯 모두 여백으로 날려 버리고, 오롯이 한 여성에게 집중한다. 그 여성이 바로 루디아다.

누가가 아무 이유 없이 루디아에게 집중하는 것은 분명 아니다. 여기에는 몇 가지 이유가 있다. 그녀는 마음을 열었다. 더 엄밀히 말하면, 주님이 그녀의 마음을 열어 바울의 말에 귀 기울이게 만드셨다. 그러고 난 뒤 그녀와 그녀의 가정이 모두 세례를 받았다. 아시아에서는 복음이 막혔었다. 하나님은 그곳에서 바울이 말씀을 전하는 것을 막으셨는데, 이제는 사람들, 특별히 루디아의 마음을 여셔서 그녀가 바울이 전한 말씀에 관심을 기울이게 만드셨다. 마치 막힌 하수구가 뻥 뚫리는 듯, 시원함을 선사하면서 우리의 시선이 집중하지 않을 수 없는 순간이다.

게다가 루디아는 바울의 일행에게 권하며 거의 강제로 자기 집에 머물도록 했다(15절). 마치 엠마오로 가던 두 제자가 예수님과 함께하고 싶어 '억지로 권했던' 것처럼 말이다(눅 24:29). 누가는 실제로 같은 동사 '파라비아조마이'παραβιάζομαι를 사용해서 두 사건을 묘사한다. 이 단어는 '강하게 간청하다' '강제로 무언가를 하게 하다'라는 의미다. 루디아는 '강하게 간청하며' 바울 일행이 환대를 경험하게 했다. 그녀가 자발적으로 나서서 바울 일행을 강권하여 이루어진 환대는 그들에게 하나님의 위로로 느껴졌을 것이다. 마케도니아로 오기까지 그토록 고생했는데, 이와 반대로 빌립보에서는 거절할 수 없는 환대를 경험했으니 말이다. 더 중요한 사실은 많은 주석가가 동의하듯 루디아의 집이 빌립보 선교의 전진 기지 역할을 했을 뿐 아니라, 예배 드리는 장소로 쓰였을 가능성도 있다는 사실이다. 이 얼마나 영광스러운 일인가? 빌립보에 최초로 교회가 세워졌는데, 그 장소가 우리 집이라고 상상해 보라.

바울은 감옥에서 나와 빌립보를 떠나는 순간에도 자연스럽게 루디아의 집을 찾아갔다(40절). 거기에는 성도들이 모여 있었고, 바울은 그들을 위로했다. 루디아의 집과 가정은 단순히 선교의 시작을 위한 마중물 역할뿐 아니라 선교 과정 내내 중추적 역할을 했다고 추측해 볼 수 있다. 하나님은 애초에 이런 중요한 일들을 위해 그녀의 마음을 여셨는지도 모른다. 여기서 그녀는 하나님에 의해 수동적으로 하나님의 일에 다가섰지만, 이내 자발적으로 참여한다. 하나님이 그녀의 마음을 여시자, 그녀는 자청하며, 더 나아가 간청하며 자기 집을 바울 일행과 성도들에게 개방했다.

이렇게 보면 루디아는 그저 회심한 여성 가운데 한 명이 아니라, 빌립보 선교의 중요한 역할을 맡고 지속해서 영향력을 미친 사람이었다. 어쩌면 빌립보 교회가 바울과 다른 성도들, 더 나아가 다른 교회들을 돕는 일에 매번 앞장선 배경에는 루디아의 솔선수범이 있었는지도 모른다(빌 4:14-16; 고후 8:2). 그녀를 중심으로 빌립보 교회는 **섬기는 교회**, **환대하는 교회**, **나누는 교회**가 되었다.

유오디아와 순두게는 어떤가? 우리는 그들의 사회적 지위, 집안 배경, 교육 수준에 대해 아는 바가 많지 않다. 그들의 자세한 사정과 이야기도 잘 모른다. 그저 이름을 보고 대충의 출생 신분, 민족, 성별을 아는 정도다. 둘은 확실히 이방인 여성이고, 소아시아에서 온 해방 노예였을 가능성이 있다. 둘 다 신분이 높지는 않았을 것이다. 그러나 이러한 배경에도 불구하고 교회에서 어느 정도 중요한 인물이었을 것이다.

유오디아와 순두게는 빌립보에서 글레멘드라는 남성과 함께 바울의 동역자에 가까운 역할을 감당했으며, 이들 모두 힘을 모아 복음을 전하는 일에 고군분투했다(빌 4:2-3). 그녀들 역시 그저 편하게 복음을 전한 것은 아니었다. 바울이 사용한 표현 '쉰아슬레오'^{συναθλέω}는 '함께 싸우다'라는 의미로, 그녀들이 마치 바울과 함께 운동 경기에 나간 선수들이 되어 모든 힘이 소진될 때까지 애쓰고 있는 모습을 떠올리게 한다. 이 표현으로 바울은 빌립보 교회를 세우는 데 이 두 여성이 자신과 동역하며 얼마나 큰 역할을 했는지를 인정하는 것이다.

다만 두 여성도 완전하지는 않았다. 둘은 교회 안에서 일치되지 못한 모습을 보였다. 그래서 바울은 그들의 이름을 언급하며 같은 마음을 품으라고 권면한다(빌 4:2; 참고. 2:1-4). 아쉬운 대목이다. 그렇지만 여기서 몇 가지 추론이 가능하다. 그들은 확실히 상당한 영향력을 가진 인물이었던 것 같다. 그렇지 않다면 이 두 여성의 이름을 따로 언급할 만큼 가치 있지는 않았을 것이다. 더 나아가 바울은 보통 갈등의 주범을 이름을 부르며 지목하지는 않는데(참고. 고후 2:5-6), 빌립보서에서는 예외를 두었다. 고든 피Gordon D. Fee는 바울이 그들과 깊은 신뢰 관계를 맺고 있었으며 그들이 성숙한 신앙을 가졌기에, 부정적인 언급이었지만 두 여성의 이름을 언급해도 괜찮으리라고 판단했을 것으로 추측한다.[4] 잠깐의 일탈이 있었지만, 그녀들은 여전히 바울의 동역자이며 그와 함께 경기를 뛰는 같은 편이었다.

사실 루디아나 유오디아나 순두게보다 더 언급하고 싶은 여성들이 있다. 바로 바울 서신이나 사도행전에 기록되지 않은 여성들이다. 기록되지 않았기에 얼마나 많은 여성이 바울의 선교와 교회에 이바지했는지 우리가 정확히 알 수는 없다. 다만 분명히 위 세 여성을 제외하고도 빌립보 교회가 튼튼하게 세워지는 데 보이지 않는 곳에서 힘을 실은 여성들이 있었을 것이다. 이름도 빛도 없이 헌신했던 사람들이 있었다. 우리는 그들의 노고도 기억해야 한다. 한국 교회가 세워지는 데도 이름 없는 많은 여성의 헌신과 섬김, 가르침이 있었다는 사실을 기억해야 하듯이 말이다.

---

1 실제 친척이라기보다는 유대인이라는 사실을 말하기 위해 "친척"이라는 표현을 사용했을 가능성도 있다.
2 리처드 롱게네커, 『NIGTC 로마서 - 하』, 오광만 옮김(새물결플러스, 2020), p. 1705.
3 모이세스 실바, 『BECNT 빌립보서』, 최갑종 옮김(부흥과개혁사, 2020), p. 263.
4 Gordon D. Fee, *Paul's Letter to the Philippians* (Grand Rapids: Eerdmans, 1995), pp. 389-340.

함께 읽을거리

린다 벨빌 외, 『여성 리더십 논쟁』, 안영미 옮김, 새물결플러스, 2017.
폴라 구더, 『이야기 뵈뵈』, 진연정, 최현만 옮김, 에클레시아북스, 2021.
Elisabeth Schüssler Fiorenza, *In Memory of Her*, New York: Crossroad, 1994.

⊙⊙⊙ 함께 **나누어** 보기

1 바울은 빌립보에서 어떤 사역을 했고 누구를 만났는지 나누어 보자

2 빌립보 교회는 어떤 교회였는가? 빌립보 교회와 바울은 어떤 관계였는가?

3 초대교회를 섬긴 여성은 누구이며, 무슨 역할을 감당했는가?

4 교회에서 섬기는 일은 중요한가? 중요하다면, 왜 그렇게 생각하는지 자신의 경험을 토대로 나누어 보자.

5 교회가 하나 되기 위해 그리스도의 마음을 품는다는 것은 구체적으로 무엇을 뜻하는가?

3부
데살로니가에 가다

4장
하나님의 새로운 가족

북적이는 도시, 데살로니가
50년 3월 2일

우리가 빌립보를 떠날 때, 누가는 꽤 먼 거리까지 우리를 배웅했다. 그러면서 다음 목적지 데살로니가에 관해 자세히 알려 주었다. "빌립보 교회가 안정되면 곧바로 데살로니가로 가겠습니다. 혹 늦어지면 연락을 취할게요. 그리고 헤어지기 전에 데살로니가에 대해 간단하게라도 이야기해 드려야 할 것 같습니다. 원래는 데살로니가로 함께 걸어가면서 말씀드리려 했는데 그럴 수가 없게 되었네요." 다시 한번 누가가 함께 갔으면 하는 마음이 들었지만, 더 좋은 일을 위해 그를 빌립보 교회에 양보할 수밖에 없었다. 우리는 어느 때보다 더 집중해서 누가의 이야기를 경청했다.

"데살로니가는 빌립보보다 두세 배는 큰 도시예요. 마케도니아의 수도이자, 자유 도시 *civitas libera* 이기도 합니다. 그래서 도시 자체적으로 동전을 만들고, 거기에 '자유와 조화'라고 새겨 넣었지요.

여전히 큰 항구 도시인 데살로니가. 아쉽게도 고대 도시는 현대의 큰 도시 아래 묻혀 있다.

로마 제국에 상당히 순종적입니다. 특히 지도자들이 그렇습니다. 그래서 자유 도시라는 지위도 얻을 수 있었고요.

데살로니가는 교통의 중심지입니다. 에그나티아 가도 중심에 있고, 항구도 발달했어요. 육로나 항로를 통해 어디로든 뻗어 나갈 수 있고, 어느 지역에서든 데살로니가로 가기도 편합니다. 여기서 에그나티아 가도를 따라 쭉 걸어가면 넉넉잡아 일주일이면 데살로니가에 도착할 수 있을 거예요. 길 찾기는 어렵지 않을 겁니다. 그냥 길만 잘 따라가시면 됩니다.

항구 근처에 아고라와 함께 상점과 작업장이 몰려 있을 겁니다. 루디아 성도가 소개한 아미오스 씨가 거기 있다니, 한번 만나 보시면 좋겠습니다. 데살로니가에서는 구하지 못할 게 없을 정도로 다양한 물건을 팝니다. 다른 도시에서 수입하는 물품도 많아요. 자연스럽게 이국적 문화와 신, 축제도 함께 들여오게 되었죠. 가 보면 아실 겁니다. 여느 도시보다 다양한 신을 섬기고 있다는 걸요. 그 가운데서도 디오니소스와 이집트 신들이 가장 인기를 끕니다. 그리고 항구 도시이다 보니 자연스럽게 포세이돈이나 아프로디테 에피튜키디아_Aphrodite Epiteuxidia_도 대중적이라고 들었습니다. 다른 전통 그리스 신들도 마찬가지고요.

외부와의 교역과 교류가 많아서 외부인에 대한 경계심도 비교적 적은 편이라고 들었습니다. 정착하는 데 큰 어려움이 없는 편입니다. 그 중심에는 어소시에이션이 있고요. 어소시에이션이 정말 많고 다양합니다. 빌립보나 에베소보다도 활동이 활발하다고 들었어요. 그래서 외부인들이 오면 가장 먼저 자신의 직업이나 출신 지역, 혹은 섬기는 신에 따라 어소시에이션을 찾고, 거기서 정착하는 데 도움을 많이 받는다고 합니다.

말이 길어졌습니다. 제가 함께 가지 못하니 어쩔 수가 없었어요. 부디 그곳에서 하나님의 교회의 새로운 형제자매들이 많이 생겨나기를 바랄게요." 우리는 누가에게 빌립보 교회를 잘 부탁한다는 말을 남기고 길을 떠났다.

누가의 말대로 데살로니가로 오는 길은 순탄했다. 로마 제국의 군인들이 이동하기 위해 만들어 놓은 도로가, 평화를 전하는 우리 같은 사람들에게 유용하다니 아이러니했다. 암비볼리와 아볼로니아를 지나 쉬엄쉬엄 걸으니 정말 일주일 정도 걸렸다. 평소 같으면 더 일찍 도착할 수도 있었겠지만, 겨울이라 조금 더 여유를 두고 천천히 이동해야 했다. 이제 걷는 데 도가 튼 듯하다. 빌립보에 있는 성도들이 모아 준 고마운 후원금 덕분에 비교적 안전한 여관을

택해 머물기도 하면서, 조금은 더 편안하게 여행할 수 있었다.

데살로니가에 도착해 보니 확실히 큰 도시라는 게 느껴졌다. 속으로 생각했다. '이것이 "마케도니아의 어머니"라 불리는 도시의 위용인가?'[1] 예루살렘보다 크다고 느껴졌다. 사실 데살로니가 입구에 도착할 때쯤부터 사람들이 북적이기 시작했다. 사람들은 여기저기 바쁘게 걸어 다니고 있었다. 그 모습을 보기만 해도 마음이 어수선하고 어지러워졌다.

이런 생각도 했다. '이 사람들 모두 어디에서 와서 어디로 가기에, 이토록 걸음을 재촉할까?' 어떤 사람은 먹고살기 위해 바쁘게 뛰어다녔고, 다른 어떤 이는 약속된 만남을 위해 거리를 서성거리는 듯 보였다. 또 어떤 사람은 이목을 끌고자 화려한 옷을 입고 하인들과 천천히 걷고 있었지만, 왜인지 여유로워 보이지는 않았다.[2] 사람들에게 인사를 받고 명예를 얻고자 마음이 바쁜 듯했다. 정신을 똑바로 차리지 않으면 이런 분위기에 휩쓸릴 것만 같았다. 무엇보다 깨어 경계하지 않으면 소매치기를 당할지도 몰랐다.

우리는 남쪽으로 내려가 적당한 숙소를 찾아 짐을 풀고 나서, 근처 아고라에 먼저 들르기로 했다. 아고라에 가면 데살로니가가 어떤 도시인지를 자세히 살펴보고 회당의 위치도 물어볼 심산이었다. 또 괜찮은 일자리가 있는지 찾아보아야 했다. 마땅한 일자리가 없다면 북쪽에 있는 아고라에도 가 보려 했다.

---

1 Antipater, *Anth. Pal.* 4.428.
2 참고. 마 23:5-7; 약 2:2-3.

남쪽 아고라로 가는 골목은 좁고 지저분한 길을 지나야 했다. 벽에는 난잡한 그림이 유난히 많이 그려져 있었다. 어떤 벽에는 '나는 가난한 사람들이 싫어. 아무것도 하지 않으면서 음식을 바란다면, 그건 무척이나 바보 같은 일이지'라는 낙서가 있었다.[3] 어느 도시나 그렇듯 각종 오물도 심심치 않게 볼 수 있었다. 길을 지나다가 뒤를 돌아보니 2층집에서 요강 속 배설물을 거리에 쏟아 버리고 있었다. 대담하게도 낮에 이런 일을 벌이다니! 조금만 굼뜨게 행동했다면 오물을 뒤집어썼을지도 모를 일이었다. 다행히 오물을 밟거나 뒤집어쓰지도, 쓰레기에 걸려 넘어지거나 시체를 보지도 않고 무탈하게 골목을 통과했다.

아고라가 항구에 인접해서 그런지 예상보다 사람이 더 많았다. 복잡한 구역은 발 디딜 틈이 없을 정도였다. 여기저기 시끌벅적했다. 점심시간이 가까워지자 길가 빵집, 식당, 주점, 노점에는 사람이 더 많이 몰려들었다. 집에서 요리할 수 없는 사람들은 모조리 이렇게 나오니 붐빌 수밖에 없었다. 우리도 빵 한 조각씩 사서 광장 구석에 앉아 식사하기로 했다.

그 복잡한 틈바구니에서도 연설하는 사람들이 있었다. 별 관심은 없었지만, 식사하면서 자연스레 그들의 연설이 들렸다. 한 사람이 먼저 이야기를 시작했다. 그는 자신을 루키우스라 소개했다. 사실 그가 자기 일족과 가문의 이름을 모두 말했지만, 그들의 이름은

---

[3] 폼페이에 있는 실제 낙서를 흉내 내었다.

잘 기억나지 않는다. 아마 데살로니가에서 유력한 집안이었을 것이다. 깔끔한 옷차림과 교양 있는 말투만 보아도 좋은 가문 사람이라는 것을 짐작할 수 있었다.

그는 자기소개를 마치고 곧장 말을 이어 갔다. "데살로니가의 모든 거주민 여러분, 제 이야기를 한번 들어 보십시오. 우리가 사는 평화로운 이 도시에 요즘 소란을 일으키고 혼란을 가져오는 사람들이 있습니다. 그들의 이야기는 얼핏 듣기에는 설득력 있으나, 진실은 한마디도 없습니다. 그들의 말은 화려하나 이 사랑스러운 도시에 전혀 유익하지 않습니다. 겉으로는 아가야 지역 도시들과 더 친밀하게 지내야 한다는 명분을 내세우지만, 속내는 다른 데 있습니다. 우리가 지난 100년간 어렵게 쌓아 올린 로마와의 우호적 관계에 균열을 내려는 속셈입니다. 어리석게 속아 넘어가지 마십시오. 여러분을 선동하는 사람들의 말에 귀를 기울이지 마십시오. 그들의 말은 독을 품고 있습니다.

로마가 어떤 제국입니까? 반세기 전에 데살로니가를 '자유 도시'로 만들어 주지 않았습니까? 그 후로 데살로니가는 이전에 없던 평화를 계속해서 누리고 있지 않습니까? 지금 우리가 경험하는 경제적 풍요는 또 누구 덕입니까? 그런 로마와의 관계를 왜 우리 스스로 무너뜨리려 합니까? 우리에게 다른 우방 도시가 또 필요합니까? 그렇지 않습니다.

데살로니가 사람들이여, 제가 제우스에게 맹세합니다. 제 말에는 거짓이 없습니다. 로마에 의지할 때만 우리에게 평화와 번영이 있습니다. 로마의 승전보는 우리에게도 복음입니다. 새로운 로마 황제의 등극도 우리에게 복음입니다. 로마의 번영이 곧 우리의 번영입니다." 루키우스가 연설을 마치자 청중들은 손뼉 치며 호응했다.

이번에는 다른 사람이 앞으로 나갔다. 내 기억이 정확하다면, 그는 자신을 안티게네스라고 소개했다. 그는 루키우스의 의견에 동의하지 않는다며 연설을 시작했다.

"저는 이제부터 우리 도시에 가장 유익한 일을 말씀드리려 합니다. 누군가의 연설과는 달리 전 제 개인이나 가문의 이익을 위해 말하지 않습니다. 사사로운 감정과 명예는 이 문제에 전혀 도움이 되지 않습니다. 우리는 미래를 보아야 하고, 더 큰 그림을 그려야 합니다. 여러분, 한번 자문해 보시기 바랍니다. 친구는 많을수록 좋지 않습니까? 가까이 있는 사람과 친하게 지낸다고 손해될 것이 있겠습니까?

아가야 지역 동맹이 로마와 싸워 패한 것은 이미 200년이나 지난 일입니다. 그들이 여전히 로마에 앙금이 남아 있을 것으로 생각하지 마시기를 바랍니다. 이미 고린도 사람들은 우리처럼 로마에 충성을 맹세했습니다.

클라우디우스 황제님이 지금 정말로 바라는 바가 무엇일까요? 지금 로마는 남과 북 모두 바다를 넘어 영토를 확장하고 있습니다. 이런 상황에서 마케도니아와 아가야가 서로 사이좋게 지낸다면, 그야말로 로마와 데살로니가에 득이 되는 일입니다." 사람들은 웅성거리기 시작했고, 이내 서로 자기 말이 옳다며 편을 갈라 논쟁했다.

예전 같았으면 나도 논쟁에 참여했을지 모른다. 그런데 이제는 로마 제국 자체가 내게 너무나 작게 느껴진다. 하나님이 지휘하시는 우주적 전쟁과 선포하시는 평화에 비하면, 로마 제국의 전쟁과 영토 확장 그리고 그들의 번영은 한없이 사소하게 느껴진다. 우주의 시간표에 비하면, 로마의 시간은 찰나다. 하나님의 승리가 진정한 복음이고, 그리스도가 왕좌에 올라 통치하시는 것이 진짜 복음이다. 사람들이 로마 황제가 아닌 예수 그리스도께 충성하기를 진실로 바란다. 그러면 인생의 답을 찾을 것이다. 이렇게 말하면 많은 로마 사람들은 나를 반체제적 인사로 몰고 갈 것이다. 하지만 그렇다고 어쩌겠는가? 예수 그리스도께 충성을 고백한 이후로 다른 누구에게도, 다른 무엇에도 충성할 수 없어졌다.

그토록 크게 느껴졌던 데살로니가가 이제는 무척이나 왜소해 보인다.

> 그런 다음에 끝이 옵니다.
> 그때에 그리스도님이
> 그 나라를 하나님 아버지께 넘겨드릴 겁니다.
> 그때에 모든 지배와 모든 권력과 세력을 없애 버리실 겁니다.
> 그리스도님이 **임금으로 다스리셔야만** 하니까요.
> "하나님이 모든 원수들을 그분의 발아래에 두실" 때까지는 말입니다.
> 고린도전서 15장 24-25절, 새한글, 저자 강조

뜻밖의 환영
50년 3월 17일

이상한 일이 우리에게 벌어졌다. 놀라운 일이라고 해야 하나? 분명 좋은 일이니 놀랍다고 말하는 것이 낫겠다. 오늘은 이 일을 기록해 보려 한다.

    데살로니가에 도착한 다음 날, 우리는 회당이 있다는 이야기를 듣고 그곳으로 향했다. 거기서 지금까지 2주간 유대인들 그리고 하나님을 두려워하는 자들과 그리스도에 대한 의견을 주고받았다.[4] 앞으로도 더 많은 이야기를 나누어 볼 생각이다.

    우리 모두 그리스도를 기다리고 있었기에, 이들에게 그리스도를 설명하기란 어렵지 않았다. 그저 우리는 다른 시간대를 살고 있다. 그들은 아직 한밤중에 있고, 우리는 이제 새벽을 산다. 나는 이미 해가 뜨기 시작했다고 확신한다. 그런데 지금 해가 뜨고 있다고 그들에게 아무리 핏대 올려 말해도 소용이 없다. 그리스도가 이미 고난을 겪고 죽은 사람들 가운데서 살아나셨다고 증거해 보아도 소용이 없다. 나는 그들에게 이사야서를 비롯한 수많은 성경 말씀을 인용하며 외쳤다. "내가 여러분에게 전하고 있는 예수님이 바로 그리스도이십니다." 그중 몇 명은 내 이야기에 관심을 보였지만, 대부분은 허무맹랑한 소리라 생각했다. 몇몇은 우리에게 강한 적대감을

---

[4] 행 17:2-3.

폼페이에 있는 작업장(화덕과 제분기로 보아 아마도 빵집일 것이다). 데살로니가도 비슷한 모습이었을 것이며, 이와 같은 장소에서 바울이 일하면서 복음을 전했을 가능성이 크다.

드러내기도 했다. 그리스도라는 관념을 이해시키기 쉽다고 해서, 그 그리스도가 바로 예수시라는 사실을 확신시키는 것까지 쉬운 건 아니다.

그러던 중 디모데, 실루아노 그리고 나는 아고라 근처에서 일자리를 구했다. 빌립보에서 또 한 번 우리의 쓸 것을 위해 돈을 보내온 덕분에 비교적 풍족한 생활을 하고 있지만, 계속 안정적으로 선교하기 위해서는 일을 해야만 한다. 빌립보 교회에 편지를 쓸 때 감사의 말을 꼭 전해야겠다.

루디아가 소개해 준 아미오스[5] 덕에 일을 쉽게 구할 수 있었다. 18번가에서 그는 나름 유명 인사였다. 그가 우리를 한 작업장에 데려가 소개해 주었다. "이 사람들은 내가 신뢰하는 사람이 가장 신뢰하는 자들입니다. 여기 추천서도 있으니 확인해 보십시오. 이들은 모두 친형제입니다." 내가 잠깐 끼어들었다. "아니…." 어떻게 설명해야 할지 몰라 잠깐 머뭇거렸다. "아닙니다. 우리 모두 형제지간은 아닙니다. 우리는 의형제에 가깝습니다." 아미오스가 놀란 표정을 지으며 미안하다는 듯 말했다. "제가 잘못 들었나 봅니다. 얼핏 대화를 들었는데, 서로 '형제' 비슷하게 부르는 듯해서 부지중에 그렇게 생각했나 봅니다." 내가 대답했다. "아닙니다. 제대로 들으신 것이 맞습니다. 사실 우리는 피붙이 형제보다 더 끈끈한 사이이기는 합니다." 아미오스와 작업장 주인은 신기해했다. 아미오스는 말

---

[5] 실제로 고대 데살로니가 18번가에 설립된 염료 장인 어소시에이션의 회원 중 하나다.

했다. "요즘처럼 사기꾼들이 판치고 믿을 만한 사람을 찾기 힘든 시기에, 사실은 가족도 믿기 어려운데, 피도 나누지 않은 사람끼리 그런 우애를 뽐내다니요. 정말 부럽습니다. 하하." 아미오스가 우리에게 더욱 관심을 보였다. "그 정도는 아니지만, 우리 18번가 사람들도 서로 끈끈하답니다. 우리 18번가 어소시에이션에 오늘 밤 한번 놀러 오시지요." 망설이다가 알겠다고 대답했다.

때마침 마을 축제가 있을 예정이라 작업장도 한동안은 일손이 더 필요한 상황이었다. 주인장은 일단 3개월 동안만 함께 일해 보자고 제안했고, 우리도 흔쾌히 동의했다. 앞으로 밤낮으로 일해야 할 것 같은 분위기다.

내가 말한 놀라운 일은 이날 밤에 일어났다. 일을 마칠 때쯤 아미오스가 우리 작업장에 찾아왔다. 그가 자기 어소시에이션에 우리를 데려가고 싶어 했다. 우리는 식사만 참여할 수 있고, 그 후에 있을 종교 의례에는 참여할 수 없다고 했다. 아미오스가 말했다. "보통은 그럴 수 없지만, 손님들이니 그렇게 해도 모두 이해할 겁니다."

사람들은 우리를 극진히 환영해 주었다. 식사도 마음껏 할 수 있었다. 이런 환대는 오랜만이었다. 낯선 우리를 이리도 반기고, 우리에게 관심을 가지다니 놀라웠다.

거기에는 서른 명 정도가 모여 있었다. 꽤 큰 어소시에이션이었다. 그들은 대부분 18번가에서 일하는 사람들이었고, 루디아처럼 염료를 다루는 장인이 많았다. 서로 관계도 상당히 좋아 보였다. 그 가운데는 가족 관계인 회원들도 있었다. 식사하면서 이야기를 들어 보니 그들은 일손이 모자랄 때 서로 도와주고, 재료나 공구가 급하게 필요하면 빌려주기도 한다고 한다. 비슷한 일을 하는 사람들은 한꺼번에 재료를 사서 나누고, 서로 다른 일을 하는 사람들끼리는 필요한 물건이 있을 때마다 서로에게서 사고팔며, 갑자기 경제 사정이 나빠지면 돈을 꿔 주기도 한다고 말했다. 아미오스는 여기서 임원을 맡고 있었다.

식사하면서 이런저런 이야기를 나누다가, 아미오스가 갑자기 사람들을 주목시키더니 우리의 이야기를 듣겠다고 했다. "여기 빌립보에서 온 분들이 있습니다. 오늘 이분들의 이야기를 들어 보고 싶습니다. 우리 어소시에이션도 서로 꽤 가까운 관계를 유지해 왔는데, 이분들은 피를 나눈 형제도 아닌데 친형제처럼 친밀하게 지내더군요. 좀 놀랐습니다. 그 이유와 비결을 듣고 싶습니다. 그러면 우리 어소시에이션에도 도움이 되지 않을까요?" 사람들은 궁금해하는 표정으로 우리를 바라보았다.

사람들의 시선을 한 몸에 받으며 나는 어쩔 수 없이 일어나 말해야 했다. "이렇게 환영해 주셔서 감사합니다. 여러분과 이렇게 교제할 수 있어서 좋습니다. 앞으로 18번가에서 자주 만날 텐데 잘 부탁드립니다.

그렇습니다. 우리는 같은 부모에게서 난 형제는 아닙니다. 그런데 여기 저와 함께 있는 디모데와 실루아노는 저에게 친형제나 다름없습니다. 아니, 친형제입니다. 제가 깊이 아끼는 형제들이자 동역자들입니다. 저는 이들에게 제 전 재산만 아니라 생명도 줄 수 있습니다.⁶ 그냥 하는 소리가 아닙니다." 사람들은 나지막한 소리로 웅성거렸다.

나는 말을 이어 갔다. "우리는 같은 신을 섬기고 있습니다. 한 분이신 참된 하나님을 우리의 아버지라고 고백합니다. 우리 하나님은 온 우주를 창조하셨고 지금까지 다스리십니다. 이런 하나님 아버지의 통치 안에서 우리는 서로를 형제라 생각합니다. 여기 있는 이들만 형제로 여기는 것이 아닙니다. 하나님을 이 온 우주의 참된 주님으로 고백하는 사람들을 저는 모두 형제자매로 여깁니다.

얼마 전이었습니다. 빌립보에서 한 여성을 만났습니다. 여러분 중에도 몇 분은 아실 겁니다. 루디아 말입니다. 그녀는 제가 빌립보에 세운 교회에 합류했습니다. 그 후로 저는 그녀를 '형제'라고 부릅니다." 사람들은 더욱 웅성거렸다.

"제가 도시마다 세우는 교회는 새로운 형태의 가족입니다. 서로를 형제라 부르면서 형제자매의 사랑을 나눕니다."

어떤 사람들은 우리의 말을 급진적이고 혁신적으로 받아들이면서 놀랍게 여겼고, 어떤 사람들은 별생각 없이 신기해했다. 또 어떤 사람들은 우리의 이야기를 의심하는 듯했다. 꽤 관심을 보인 몇 명은 내게 가까이 와서 우리 교회에 대해 자세히 물었다. 그들은 대체로 우리가 세운 공동체를 다양한 어소시에이션 가운데 하나로 생각했다. 그래서 회비는 있는지, 한 달에 몇 번 모이는지, 내규는 무

---

6   살전 2:8.

엇인지, 어디서 모이는지, 후원자는 누구인지 물었다. 그중 한 명은 당장 가입할 수 있는지도 물었다. 그의 이름은 아쎄니온이었다. 여러 질문에 자세히 답해 주고는 마지막으로 그에게 이렇게 말했다. "가입은 당연히 할 수 있지만, 그러려면 예수 그리스도를 유일하신 주님으로 먼저 고백하고 세례를 받아야 합니다. 그리고 이전에 섬기던 신들로부터 돌아서야 합니다.[7] 다른 어소시에이션에서 동시에 활동하기 어려울 수 있고, 마을 행사에 참석하기 힘들 수도 있습니다. 친척들과 멀어질지도 모르고요. 우리는 창조주 하나님만을 살아 계신 참 하나님으로 고백하기 때문입니다. 우리 교회는 보통의 어소시에이션과는 좀 다릅니다. 이 모든 걸 감수할 수 있다면, 저야 언제나 두 팔 벌려 환영합니다."

아쎄니온은 깊은 고민에 빠진 것 같았다. 왜 다른 어소시에이션처럼 동시 가입은 안 되는지 투덜대며 묻기도 했다. 내가 데살로니가에 세우려는 교회에 엄청난 매력을 느끼면서도, 큰 벽에 부딪힌 듯했다. 그러고는 표정이 어두워져서 집으로 돌아갔다.

그들 스스로 우리에 대해,
우리가 여러분한테 가서
어떤 **환영**을 받았는지를 널리 알리고 있으니까요.
데살로니가전서 1장 9절, 새한글, 저자 강조

---

[7] 살전 1:9.

교회의 매력
50년 3월 24일

우리는 요즘 밤낮으로 일하면서 하나님의 복음을 전한다. 여기서 '밤낮'은 은유적 표현이 아니다. 정말 밤낮으로 일하고 있다. 작업장에서 잠자고 휴식도 취하며 식사도 한다. 사람들이 다 거처로 돌아가면 우리끼리 찬양과 기도도 드린다. 당연히 같이 일하는 동료들에게도 복음을 전하고, 식사 시간이나 잠시 겨를이 생기면 18번가에서 사귄 다른 장인들에게도 복음을 전한다. 손님들이 오면 그들이 기다리는 시간에 말을 건네며 복음을 전한다. 그리고 안식일에는 작업장에 양해를 구하고 다시 한번 회당에 다녀왔다. 일하면서 복음을 전하는 생활이 때로는 벅차기도 하다. 가끔은 복음을 전하는 일에만 전념하고 싶다고 생각한다. 그런데 일하면서 만나는 인연들을 포기할 수 없다. 데살로니가에서는 특별히 이런 인연이 여러 가지로 도움이 된다. 이렇게 이들에게 복음의 씨를 뿌리고 있는데, 곧 열매를 맺을지도 모르겠다.

지난주 우리 교회에 관심을 보인 이들은 요즘 틈만 나면 나를 찾아와 이것저것 꼬치꼬치 묻는다. 내가 그날 했던 이야기가 그들에게 꽤 흥미롭게 다가왔나 보다. 처음에는 조금 실망했다. 다들 핵심보다 잿밥에만 관심이 있어 보였기 때문이다. 그런데 어떤 방식으로든 예수님을 전할 수 있다면 좋은 일이라는 생각이 들었다. 그들이 하나님의 새로운 가족에 관심을 보여서, 결국 함께하게 된다면 감사한 일이다.

그러던 차에 오늘도 그들이 내게 찾아왔다. 나는 그들이 어떻게 교회에 매력을 느끼게 되었는지 궁금해져서 먼저 물었다. "우리 모임에 관심을 보여 주시니 감사합니다. 사실 저번에 저는 놀랐어요. 이렇게까지 흥분하며 처음부터 궁금해하는 사람은 많지 않았거든요. 게다가 저는 우리 모임에 관해 그리 많은 것을 말하지 않았습니다. 우리가 누구를 믿는지도 자세히 설명하지 않았지요. 저는 그저 저와 함께 다니는 디모데와 실루아노를 향해 형제라고 불렀을 뿐인데 말입니다."

그 가운데 하나인 세군도가 흥분하며 말했다. "바로 그 점이 무척이나 신기했습니다. 피 한 방울 섞이지 않았다면서요? 그런데 생명도 나눌 수 있다고 그랬죠. 그래요. 우리도 가끔 좋은 친구를 사귀기도 합니다. 저에게도 좋은 친구가 있습니다. 우리 어소시에이션도 다른 곳보다 훨씬 좋은 관계를 유지하고 있습니다. 식구들과도 그럭저럭 잘 지내고 있고요. 그런데 당신이 사랑이 가득 담긴 눈빛으로 디모데와 실루아노를 바라보며 당장 심장이라도 떼어 줄 듯이 형제라고 부르는 모습은 약간 충격적이기까지 했어요. 진심이 느껴졌거든요. 실제 가족보다 친밀하게 보였습니다. 솔직하게 이야기할게요. 저는 그런 관계를 맺은 적은 없었어요. 심지어 빌립보의 한 여성에게도 '형제'라고 부른다면서요? 저도 그런 관계를 만들고 싶습니다.

아시잖아요. 우리가 광야를 지나는 듯 거친 삶을 산다는 것을요.

믿을 만한 사람을 찾기란 쉬운 일이 아니에요. 많은 사람이 어떻게 든 상대방을 속여 이득을 보고, 혼자만 살아남으려고 하죠. 우리는 소리 없는 전쟁을 하며 하루하루 사는 겁니다. 저도 사기를 많이 당 했습니다. 친구처럼 굴다가 갑자기 돈을 떼먹고 달아난 사람도 몇 있었어요. 어느 날은 도둑이 들었는데, 잡고 보니 제 친구였어요. 친구라고 믿은 도둑이었던 거죠. 어느 순간부터 사람을 진심으로 믿을 수 없겠더라고요. 비참하기도 하지만 저도 살아남아야 하잖아 요. 이게 현실입니다.

저도 누군가를 형제라 부르고 싶습니다. 저는 사실 친형제들과 많이 교류하지는 않아요. 어쩌다 이렇게 되었는지 모르겠습니다. 어느새 그렇게 되었어요. 그러니 저에게 새로운 형제가 있으면 정 말이지 좋겠다고 생각했어요. 마음 깊이 신뢰할 만한 사람이 있다 면 든든할 거예요, 그렇죠? 거짓말하지 않을게요. 처음에는 그런 관계가 매력적이었습니다.

그런데 매일 당신이 들려주는 예수님과 종말에 관한 이야기를 들으면서 지금은 그쪽에 더 큰 매력을 느끼고 있습니다. 당신이 하 나님의 교회에 속한 사람들을 형제라고 부르는 이유를 조금 더 분 명하게 이해하게 되었거든요. 어쩌면 당신이 말하는 하나님이 제 마음을 조금씩 바꾸시는지도 모르겠어요."

내게 이렇게 말했지만, 그들은 여전히 망설였다. 그들에게는 여 전히 가족들이 섬기는 신, 어소시에이션에서 회원들과 함께 섬기는 신, 작업장에서 섬기는 신이 있었다. 마을 축제 때는 제의에 참여하고 이따금 황제를 숭배해야 하기도 했다. 그런데 교회의 일원이 되면 이 모든 것과 멀어져야 한다. 그들의 처지를 어느 정도는 이해한다. 단순히 그들이 이전에 섬긴 신에게서 돌아설 뿐 아니라, 그들의 신을 섬기며 함께한 이들과도 멀어져야 한다. 또 단순히 이전에 함께한 이들과 멀어지는 일만이 아니기도 하다. 이로 인해 그들이 누리는 많은 것을 포기해야만 한다. 교회에 들어오는 일은 어소시에이션에 가입하는 일과 전혀 다르다.

오늘도 그들은 수심이 깊은 얼굴을 하고 돌아갔다. 그런데 어쩐지 그들이 곧 함께하겠다고 말할 것 같다는 예감이 든다.

형제자매 여러분,
여러분은 우리의 수고와 고생을
기억하고 있을 것입니다.
우리는 여러분 가운데 아무에게도
폐를 끼치지 아니하려고,
밤낮으로 일을 하면서
하나님의 복음을 여러분에게 전파하였습니다.
데살로니가전서 2장 9절, 저자 강조

하나님의 새로운 가족
50년 3월 28일

내 예감이 맞았다! 해가 지고 일을 마무리하는 즈음이었다. 진지한 표정으로 다섯이나 되는 이들이 우리 작업장에 찾아왔다. 그들의 표정은 비장하기까지 했다. 마치 전쟁에 처음 출전하는 로마 군인들 같았다. 그들 모두 내가 처음 데살로니가에 왔을 때 나를 환대해 준 18번가 어소시에이션 회원이었다. 이들과 함께 18번가에서 일하던 유대인 야손도 자기 가족들을 데려왔다.[8] 그는 내가 회당에서 복음을 전할 때 경청했던 사람 가운데 하나다. 그들 모두 데살로니가 교회에 가입하고 싶다고 했다. 이렇게 많은 이가 한꺼번에 함께 하겠다고 찾아오다니! 하나님이 그들의 마음을 바꾸지 않으셨다면 일어나지 않았을 일이다. 기쁜 마음이 표정으로 다 드러났다.

"형제님들." 그 가운데 가장 먼저 그리고 가장 큰 관심을 보인 아쎄니온이 운을 뗐다. "이렇게 불러 보고 싶었습니다. 그래도 괜찮지요? 저희도 하나님의 새로운 가족들의 모임에 입회하고 싶습니다. 입회식도 참여하겠습니다. 세례라고 했지요? 무엇이든 필요한 건 모두 할 테니 저희도 이 놀랍고 신비한 가족에 들어가게 해 주세요. 이전에 저희에게 말씀하신 '형제자매 사랑'이라는 것을 우리도 서로 나누고 싶습니다.

---

[8] 야손은 흔한 헬라식 이름으로, 데살로니가의 야손(행 17:6)은 롬 16:21에 나오는 야손과 다른 인물일 가능성이 크다.

처음에는 단순한 호기심이었습니다. 신기했거든요. 이전에 보지 못한 광경이고 듣지 못한 이야기라 정말 색다르다고 생각했어요. 교회라는 곳은 어떤 단체이고, 거기 속한 사람들은 어떤 분들인가 싶었습니다. 피도 나누지 않은 사람끼리 서로 형제자매라 부르는 게 어떤 느낌인지 궁금했어요. 그게 시작이었습니다. 혹시 가식은 아닌지 의심하기도 했어요. 열흘을 지켜보았는데 가식은 전혀 아니더군요. 그래서 제 호기심이 더 커졌습니다.

물론 이제는, 그런 관계에 대한 호기심에만 그치지 않습니다. 저는 이제 바울, 디모데, 실루아노 형제님들과 함께 하늘로부터 오실 하나님의 아들, 예수 그리스도를 기다릴 거예요. 그분이 오실 날을 말입니다! 우리를 죽음에서 일으키실 그분을, 그리고 그날을 함께 기다리려고 합니다. 이제 그분을 저의 주님으로 고백하려 합니다.

한동안 망설였습니다. 많이 고민했어요. 이제야 제 마음이 굳건해졌습니다. 이제 저는 우리 가족이 오래 섬기던 신을 떠나려 해요. 제가 속한 모든 어소시에이션에서도 나올 겁니다. 이제 마을 축제에도, 특히 제사와 황제 숭배에도 참여하지 않으려 합니다. 앞으로 어떤 일이 일어날지 잘 모르겠습니다. 나쁜 일이 일어날 수도 있겠죠. 친척들이 저를 비난할 수도 있을 겁니다. 동료였던 사람들이 손가락질할지도 모르고요. 일터에서도 어떤 일이 벌어질지 전혀 예상되지 않습니다. 솔직히 전에는 한 번도 이런 일을 경험해 보지 않았거든요. 완전히 새로운 땅으로 거처를 옮기는 느낌입니다.

그래도 제 마음은 확고합니다. 이제 과거로부터 돌아서려고 합니다. 헛되고 무의미한 삶을 뒤로하고 미래에 대한 소망을 품어 보려고 합니다. 두렵지 않다면 거짓말이겠죠. 확고하면서도 두렵고, 두려우면서도 확고합니다. 저희를 위해 기도해 주세요."

"그럼요!" 나는 기쁨에 차서 기도했다. 자녀를 품은 적은 없지만, 이 기쁨은 부모가 자녀를 낳아 처음으로 안을 때의 감정에 비할 수 있을 것이다.[9] 호흡을 고르고 곧장 말을 이었다. "항상 기도하겠습니다. 이제 제가 받은 환대를 돌려 드릴 때가 되었습니다. 우리의 새로운 가족이 되신 것을 환영합니다. 우리는 형제입니다. 가족보다 친밀한 유대감을 지닌 형제예요. 우리의 관계는 그 누구도 끊지 못할 겁니다. 심지어 죽음도 그렇습니다. 우리 함께 주님의 날을 기다리며, 흠 없고 거룩하게 하나님 앞에 섭시다." 그들은 고개를 끄덕이며 그러겠다고 대답했다.

희망에 차서 이야기했지만, 나는 또한 솔직해야 했다. 거짓말할 수는 없었다. 좋은 일만 있으리라고 이야기하는 건 이들을 속이는 일이다. 그들을 차분하게 잠시 바라보았다. 그리고 앞으로 경험할 수 있는 일에 대해 자세히 설명해 주었다.

"거짓말하고 싶지 않습니다. 달콤한 말로 여러분을 속이지 않겠습니다. 저는 앞으로 여러분에게 좋은 일만 있기를 간절히 소망하고, 이를 위해 매일 쉬지 않고 기도하겠습니다.

하지만 미리 이야기할 것이 있습니다. 이전에도 이야기했고, 앞

---

[9] 참고. 살전 2:7, 11.

으로도 몇 번은 더 이야기할 생각입니다. 앞으로 좋은 일만 생기지 않을 수 있습니다.[10] 제 경험을 말씀드리죠. 저는 원래 하나님의 교회를 없애려 했습니다. 그때 저는 자신감으로 가득 차 있었어요. 주변 사람들에게 칭찬과 인정을 받았습니다. 특히 내 동족에게서는 더더욱 그러했습니다. 그들과 좋은 사이를 유지했고, 생각해 보면 그때 제 삶에는 큰 어려움이 없었습니다.

그런 저에게 예수님이 나타나셨습니다. 그 이후로 제 삶은 완전히 달라졌습니다. 누군가에게는 실패자의 삶으로 보이겠지요. 또 누군가에게는 평화를 깨는 사람, 어울리기 어려운 사람으로 여겨질지도 모르겠습니다. 그 사건 후로 저는 수많은 공격을 당했습니다. 저를 살뜰하게 아껴 준 동족들로부터, 특히 저와 매우 가깝게 지내던 사람들에게 더 큰 비난을 받았습니다.[11] 로마인과 그리스인에게는 무시당했고, 수없이 많은 매질도 당했습니다. 모두 예수님을 나의 주님으로, 나의 그리스도로 고백한 후 제게 일어난 일입니다. 앞으로 여러분에게도 벌어질지 모르고요.

꽤 오래 아무도 입을 열지 못했다. 침묵을 깨고 세군도가 조용히 읊조리듯 말했다. "예수님이 나의 주님이십니다." 그러자 아쎄니온도 따라 고백했다. "예수님이 나의 주님이십니다." 우리는 다 함께 손을 잡고, "예수님은 나의 주님이십니다" 하고 고백했다.

10 살전 3:4.
11 살전 2:14.

또 여러분이 어떻게 우상한테서

하나님께로 **돌아와서**

살아 계신 참 하나님의 종이 되었는지에 대해서도요.

또 하늘로부터 오실 하나님의 아들을

기다리게 되었는지에 대해서도요.

하나님이 죽은 사람들 가운데서 일으켜 살리신 그 아들,

곧 닥쳐올 진노에서 우리를 건져 주실

예수님을 말입니다.

데살로니가전서 1장 9b-10절, 저자 강조

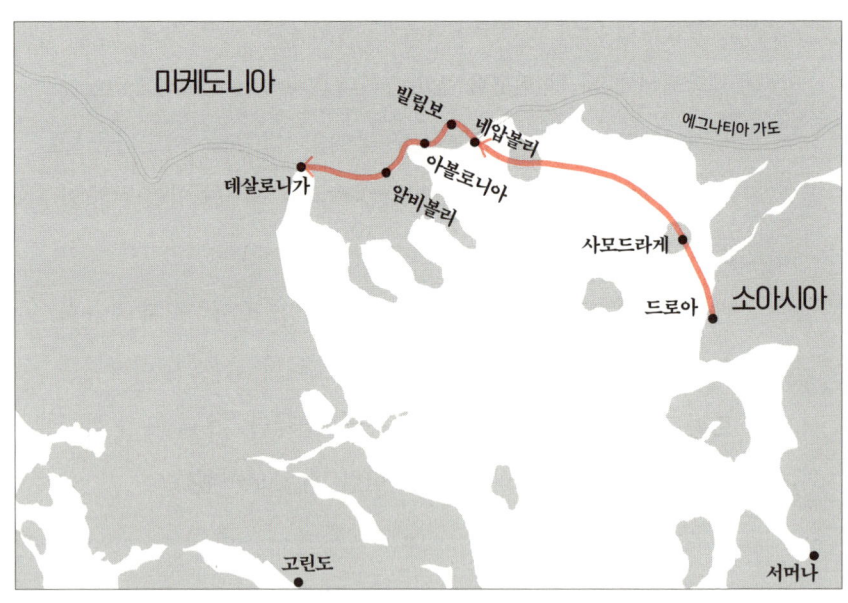

* 빌립보와 데살로니가가 속한 마케도니아 지역
  바울의 경로

말씀으로 한 걸음 더 ④

하나님의 새로운 가족[1]

바울은 자신의 편지, 특히 데살로니가전서에서 가족과 관련된 다양한 용어를 반복하며 성도 모두가 이 가족의 일원임을 확언한다. 대표적으로 사도 바울은 수시로 자신의 청중들을 "형제들아!" 하고 부르거나, "형제"라고 묘사한다(데살로니가전서에서 '형제'라는 단어가 총 열아홉 번 나온다). 그리 놀랍지 않은가? 그럴 수 있다. 하지만 혈육이 아닌 이들에게 이토록 자주 '형제'라는 표현을 쓴 고대 문서를 더 찾아볼 수 없다는 사실을 한 번 생각해 보면 좋겠다. 그 외에도 바울은 이 특별한 편지 안에 "아버지"(1:1, 3; 3:11, 13), "어머니"(2:7, 유모), '어린아이'(2:7, "유순하게"), '고아'[2:17, "떠난 것"으로 번역된 단어는 수동태일 때 '(떨어져) 고아처럼 되다'라는 의미다], "자녀"(2:7, 11; 5:5), "형제 사랑"(4:9, 개역개정), "사랑을 받은"(1:4; 2:8), 연합과 일치를 강조하는 "거룩한 입맞춤"(5:26)처럼 직간접적으로 가족을 떠올리게 만드는 단어들도 계속해서 사용한다.

그렇다면 이 가족이라는 게 도대체 무엇인가? 가장 먼저, 바울은 하나님을 아버지라 말한다. "하나님 아버지"라는 표현은 바울 서신 전반에 등장하는데, 데살로니가전서도 예외는 아니다. 이 짧은 편지에 이 표현이 네 번이나 나온다(1:1, 3; 3:11, 13). 이는 바울이 교회를 '하나님을 중심으로 하는 새로운 가족 공동체'로 이해했음을 암시한다. 자연스럽게 교회에 속한 모든 일원은 하나님의 자녀가 된다(참고. 갈 3:26). 하나님이 아버지이시고 바울을 포함한 모든 성도는 그분의 자녀다. 이것이 바울 교회의 기본 골격이다.

이 기본 골격의 시작과 끝이 하나님이라면, 그 중심에는 '형제자매 사랑'이 있다(살전 4:9-12). 개역개정에서 "형제 사랑"으로 번역된 단어 '필라델피아'φιλαδελφία는 미국 펜실베이니아주의 도시 이름이기도 하다. 이 단어는 기독교 이전 시대에는 혈육 관계에서만 사용되었다. 그런데 바울과 초기 그리스도인들은 이 단어를 창조적으로 바꾸어 사용하면서 교회 공동체를 혈육 관계로 묶고자 했다. 특별히 그는 데살로니가 교회 성도들을 칭찬하기 위해 이 단어를 사용하는데, 이는 그들이 어느 정도 이런 끈끈한 관계를 이루었다는 사실을 보여 준다. 피를 나누지 않았음에도 혈육의 정을 나누는 이들이 있다면, 이것만큼 사람들의 관심을 끌 놀라운 일이 또 무엇일까?

여기서 한 가지 더 흥미로운 사실이 있다. 바울은 의도적으로 형제자매 사랑과 육체노동을 연결한다. 그는 사랑이라는 주제를 소개하면서 가장 먼저 '노고'κόπος, 곧 "수고"라는 단어로 이를 설명한다(1:3). 편지 전체에 노고를 특징으로 하는 사랑("사랑의 수고")을 보여 주고자 하는 의도가 담겨 있다. 이어서 바울은 "사랑을 받는"이라는 형용사 바로 뒤에 그 사랑을 위해 자신이 수고한 육체노동을 보여 준다(2:8-9). 마지막으로 형제자매 사랑을 주제로 하는 하나의 수사 단락 4장 9-12절에 "자기 손으로 일을 하십시오"라는 권면을 담는다(4:11). 이러한 특징들을 통해 바울은 가족 공동체에서 서로 사랑하는 것이 육체노동과 무관하지 않음을 보여 준다. 이는 어느 정도는 고대 가족 공동체가 이상적으로 여긴 경제적 자립, 곧 함께 생산하고 소비하는 그림을 반영한 것으로 볼 수 있다.

바울은 이러한 골격에 살을 덧붙인다. 우선 그는 부모의 역할을 하면서 데살로니가 교회 성도들을 자녀로 대한다. 바울은 자신을 '트로포스'τροφός, 곧 "어머니"(혹은 유모)로 비유하며, 성도들을 자녀처럼 돌본다고 말한다(2:7). 다음으로 자신을 "아버지"로 비유하며, 성도 한 명 한 명에게 권면하고 경고한다(2:11-12). 이 두 역할은 고대 로마인들이 어머니와 아버지에게 각각 기대한 바와 매우 유사하다. 다만 바울은 자신을 어느 한 성별이나 역할에만 고정하지 않는다. 자신의 권위나 권한을 강조하려면 아버지의 이미지, 특히 아버지의 힘 혹은 권위를 뜻하는 '파트리아 포테스타스'*patria potestas*만 가져오는 게 현명한 선택이었을 것이다. 그러나 바울은 권위를 내세울 수도 있지만, 그러지 않겠다고 말한다(2:7a). 그는 권면하거나 경고하는 아버지의 이미지에 앞서, 돌보는 어머니의 이미지를 가져와 자신의 초상을 입체적으로 그려 낸다. 당시 바울의 독자 대부분은 이런 그의 수사법을 놀랍거나 신선하게 여겼을 것이다. 바울의 화법과 신학에 익숙하지 않았던 사람에게는 더욱 그랬을 것이다.

바울은 여기서 한 걸음 더 나아간다. 그는 자신이 어린아이와 같이 되었다고 말한다(7b절). 무게를 잡거나 권위를 내세우기보다는 오히려 "자녀"처럼 행동하고 있다는 것이다. 물론 이는 본문 비평(현재 우리에게 남겨진 다양한 사본을 비교하여 최대한 원문에 가깝게 복원하는 작업)에 따라 논쟁의 여지가 있긴 하다. 이 본문에서 우리는 원문에 대한 두 가지 선택지를 갖는다. 하나는 위에서처럼 '어린아이들' 또는 '자녀들'을 뜻하는 '네피오이'νήπιοι를 선택하든지, 아니면 '부드러운' 또는 '친절한'을 뜻하는 '에피오이'ἤπιοι를 선택해야 한다. 본문 비평 원칙을 꼼꼼하게 적용해 보아도, 둘 중 하나를 선택하기란 쉽지 않다. 다만 대부분의 신약학자가 기본으로 사용하는 헬라어 성경인 네슬레-알란드Nestle-Aland의 28판 편집자들은 전자를 조금 더 원문에 가까운 것으로 판단한다. 만약 이런 판단이 옳다면 바울은 분명히 자신을 어린아이, 자녀, 혹은 젖먹이로 비유하는 것이다. 그는 보통 '아직 성숙하지 못한 사람'이라는 부정적 의미로 이 단어를 사용하는데(고전 3:1; 13:11; 롬 2:20), 데살로니가전서에서는 놀랍게도 이 용어를 자신에게 적용하고 있다. 다시 한번, 바울은 여기서 권위나 권한을 내세우는 대신 자신의 취약성을 드러내고 있다.

바울은 하나님의 새로운 가족 안에서 자신을 어떤 하나의 성별이나 나이에 따른 특정 역할과 권한에 고정시키지 않는다. 가르치는 자이자 사도라는 위치에서 아버지의 이미지가 고대 사회에서는 가장 매력적이었을 것이다. 그러나 그는 상황에 따라 아버지가 되기도, 어머니가 되기도, 어린아이가 되기도 한다. 고대 가족의 이상과는 분명히 다르다. 바울은 가족과 관련된 용어들을 사용할 때 고대 그리스-로마 시대의 용례에 얽매이지 않는다. 대신 새로운 공동체 안에서 그러한 용어들을 창조적으로 사용한다.

이러한 바울의 자화상은 데살로니가전서 2장 1절부터 3장 10절에 걸쳐서 그려진다. 이 부분은 수사적으로 서사 또는 이야기를 뜻하는 나라티오*narratio*에 해당한다. 이 '나라티오'는 저자와 독자(혹은 이 편지의 낭독을 듣는 청중) 사이에 긍정적 분위기를 만들거나 감정적 거리를 좁히고, 뒤에 나올 권면에 대한 예비적이고 실제적인 예시나 본보기를 제공한다. 바울은 이 단락에서 성도들에게 자기 자신을 본보기로 제시한다. 그는 성도들이 새로운 가족 안에서 자신처럼 역동적이고 자유로우며 유연한 역할을 해 주기를 기대한다. 당연히 이런 공동체에서는 위계질서 또한 느슨하게 해체된다.

요약하면 이렇다. 바울은 교회를 하나님의 새로운 가족으로 그린다. 이 가족 공동체는 혈육 간에 경험하는 끈끈한 사랑을 이상으로 하고, 경제적 협력까지 꿈꾼다. 이러한 특징은 고대 가족의 이상과도 닮았다. 다만 가족 구성원의 역할에 대해서는 상당히 다른 비전을 보여 준다. 사도 바울은 자신이 그러하듯 구성원 각각이 나이와 성별에 따른 고정된 역할을 맡고 권위를 행사하는 것이 아니라 상황에 따라 유동적으로 아버지, 어머니 혹은 자녀가 될 수 있다고 말한다.

교회 공동체에 대한 바울의 비전이 꽤 매력적이지 않은가? 고대인들에게는 어떠했을까? 매력을 넘어서 충격을 전해 주었을 것이다. 또한 만약 이러한 비전이 교회에서 정말로 실현되고 있었다면 고대인들은 어떻게 반응했을까? 많은 이가 교회에, 더 나아가 복음에 매력을 느꼈을 것이다. 만일 우리가 출석하는 교회에서도 이러한 비전이 실현된다면 어떨까? 우리가 교회를 자랑스러워할 테고, 그렇기에 누구에게라도 보여 주고 싶지 않을까?

---

1 정은찬, "가족의 재구성: 데살로니가전서를 중심으로", 「성서마당」 145(2023), pp. 66-78를 토대로 구성했다.

함께 읽을거리

박영호. 『다시 만나는 교회』. 복있는사람, 2020.
로버트 뱅크스. 『바울의 공동체 사상』(개정3판). 장동수 옮김. IVP, 2023.

함께 나누어 보기

1 교회란 무엇이라 생각하는가? 우리가 생각하는 이상적인 교회에 대해 나누어 보자.

2 바울이 '가족 공동체'를 꿈꿀 때, 이는 무엇을 의미했는가? 어떻게 하면 현대의 교회가 가족 공동체처럼 될 수 있을까?

3 교회에서 가족애 혹은 형제자매 사랑을 느낀 적이 있다면 각자의 경험을 나누어 보자.

4 그리스도인이 아닌 사람들에게 교회의 어떤 점이 매력적으로 느껴질까?

5 각자의 일터는 '선교지'가 될 수 있는가? 어떤 방식으로 복음을 나눌 수 있는지 나누어 보자.

6 데살로니가전서 1장 6절을 묵상하면서 데살로니가 성도들이 처음 회심할 때 느꼈을 두려움과 어려움에 대해 상상하고 나누어 보자.

5장
관계의 해체와 재구성

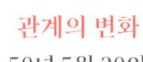

관계의 변화
50년 5월 20일

지난 두 달간 우리 모임은 18번가를 중심으로 조금씩 커졌다. 매주 한두 명이 우리 모임에 새롭게 찾아온다. 그저 구경하기 위해 온 이들도 있고, 마음의 변화를 받아 찾아온 이들도 있다. 그 가운데는 우리 단골손님이나 함께 일하는 동료들, 우리 성도들이 전에 속했던 어소시에이션 회원들도 있다.

우리는 일이 끝나면 성도들의 작업장을 돌아다니며 주기적으로 모임을 한다. 비좁고 위험하지만, 마땅한 다른 장소가 없다. 언젠가 우리에게도 괜찮은 모임 공간이 생길 수 있겠지만, 아직은 그렇지 못하다. 그러니 일이 끝나면 작업 도구와 집기들을 옆으로 치우고 공간을 마련해 모이는 수밖에 없다. 그렇게 서로에게 땀 냄새를 풍기며 비좁은 곳에 서서 예배를 드리고 만찬을 나눈다.

여러모로 불편하고 부족한 상황이지만, 소망과 기쁨은 넘친다.

모임 장소가 불편한 것은 성도들에게 크게 문제가 되지 않는 듯 보인다. 그들은 소망과 기쁨으로 가득하다. 누구 하나 불평하지 않는다. 참 고마운 일이다.

더욱 놀라운 것은, 우리는 마치 몇십 년을 알고 지내 온 사람들처럼 친밀한 관계를 만들어 가고 있다. 물론 그중에는 실제로 이미 오랫동안 서로 알고 지낸 사람들도 있다. 길거리에서, 작업장에서, 또는 어소시에이션에서 데면데면하게 알고 지낸 사람들도 있다. 이런 것을 감안해도 그들의 유대감을 모두 설명할 수는 없다. 내가 이들에게 보여 주고 반복적으로 가르친 형제자매 사랑이 실제로 실현되고 있다. 솔직히 나도 좀 놀랍다.

이 일을 어떻게 설명할 수 있을까? 이들이 전에도 알고 지낸 사이였기 때문일까? 어느 정도는 영향이 있을 것이다. 이들이 유별나게 마음이 따뜻하고 서로를 배려하는 사람들이기 때문일까? 조금은 그런 듯도 하다. 애초부터 이들이 서로 잘 맞는 부류이기 때문일까? 그럴지도 모른다. 이들이 비슷한 직업을 갖고 비슷한 일을 하고 있기 때문일까? 그런 영향도 있을 것이다. 내가 반복적으로 형제자매 사이의 사랑을 가르쳤기 때문일까? 물론 내가 이와 관련하여 여러 번 말하기는 했다.

그런데 이 모든 것으로도 그들의 관계가 무엇에서 비롯되었는지를 충분히 설명할 수는 없다. 그들은 특별하다. 그렇다, 이 표현을 꼭 써야겠다. '특별함.' 마치 그들은 '하나님에게 직접 가르침을 받은' 듯이 서로를 사랑하고 있다. 사실 그들은 정말로 하나님의 인도하심을 받고 있다. 하나님에게 직접 가르침을 받고 있다는 것, 이것이 내 결론이다. 그렇지 않다면 이런 일이 일어날 수 없다.

우리는 서로를 무척이나 아낀다. 성도 한 명에게 무슨 일이라도 생기면, 모두가 함께 걱정하고 조금이라도 더 도움을 주기 위해 애쓴다. 어려움 가운데 있는 성도를 찾아가서 혹시 도울 일이 있는지를 묻는다. 물론 이는 한 사람의 노력으로 할 수 없는 일이다. 성도 대부분이 이런 '사랑의 노고'에 동참한다.[1] 이런 사랑이 우리에게 싹트고 있다.

2주쯤 전 일이다. 아쎄니온이 작업장에서 크게 다쳤다. 부실한 사다리를 오르다 떨어졌다. 이런 사고는 우리에게 자주 일어난다. 조금이라도 긴장을 늦추면, 혹은 그렇지 않더라도 크고 작은 사건과 사고가 끊이지 않는다. 우리는 위험한 도구들과 작업 환경에 둘러싸여 있다. 하나님이 우리 성도들을 날마다 안전하게 지켜 주시기를 기도한다.

어쨌든 이 사고로 아쎄니온은 한동안 일하지 못했다. 일을 할 수 없자 그의 가족은 어려운 시간을 보낼 수밖에 없었다. 종일 굶을 처지였다. 우리 모두 상황이 비슷하기에 굳이 묻지 않아도 이러한 어려움을 잘 안다. 그때 성도들이 돌아가며 하루 품삯의 일부를 아쎄니온에게 전달했다. 어떤 이들은 자기들의 허기를 달랠 식사를 아쎄니온 가족에게 나누어 주었다. 당연히 충분할 수는 없었다. 그래

[1] 살전 1:3.

도 아쎄니온 가족이 굶지는 않았다. 며칠 전 아쎄니온이 아직 성치 않은 몸을 이끌고 작업장에 복귀하기 전까지, 배턴을 서로에게 전달하는 계주를 하듯이 도움이 이어졌다.

내가 성도들에게 그렇게 해 달라고 부탁한 것이 아니다. 그들은 자발적으로 그렇게 했다. 다른 이들에게 자신들처럼 해야 한다고 눈치를 주지도 않았다. 만일 그랬다면 나는 그런 행동을 막았을 것이다. 한 사람이 내게 이렇게 말했다. "가족이라면 어떨지 생각해 봤어요. 그러니까 그런 행동을 할 수밖에 없더라고요." 오히려 내가 이들에게 배운다. 그들은 하나님으로부터 배우고, 나는 그들에게 배운다.

나도 가만히 있을 수 없었다. 이 일에 동참하고 싶었다. 그래서 내 하루 품삯을 가지고 얼마 전 아쎄니온을 찾아갔다. 그는 처음에 부끄러워하고 민망해했다. 다른 성도들에게 피해를 주는 것은 아닌지 걱정했다. 자신이 다른 이들에게 짐이 되고 있다며 미안해했다. 그들 모두 자발적으로 이 일에 참여했고, 도울 수 있는 만큼만 돕고 있다고 나는 그를 안심시켰다. 그러자 그는 거의 눈물을 쏟을 것 같은 표정으로 고마워했다. 모든 성도에게 감사의 마음을 전해 달라고 내게 말했다.

내가 돌아갈 채비를 하자 마지막으로 아쎄니온이 말했다. "바울 사도님이 그동안 말했던 형제자매 사랑이 이런 것이었군요. 하나님의 새로운 가족이란 이런 모습이었어요. 전까지는 어렴풋이 이해할 뿐이었습니다. 이제는 그 사랑이 손에 잡히는 것 같아요. 그만큼 구체적이고 선명합니다. 저 또한 받은 사랑과 은혜를 반드시 갚을 겁니다. 모든 성도에게 제가 받은 대로, 아니 그보다 더 크게 돌려 주겠습니다."

이렇게 말하고 싶다. 강물이 흐르듯 하나님의 은혜와 사랑이 우리 교회 안에서 모든 성도를 휘감으며 흐르고 있다고. 데살로니가에서 하나님의 왕국을 그 어느 때보다 가까이 경험하고 있는지도 모르겠다.

형제자매들 사이의 사랑에 대해서는
여러분에게 써 보낼 필요가 없습니다.
바로 여러분이야말로 서로 사랑하라는 가르침을
하나님한테 직접 받은 분들이니까요.
또 온 마케도니아에 있는 모든 형제자매들한테
그것을 실행하고 있으니까요.
그렇지만 형제자며 여러분,
우리가 여러분에게 권유합니다.
더욱 넘치게 그렇게 하십시오.

데살로니가전서 4장 9-10절, 새한글, 저자 강조

시작된 고난
50년 5월 27일

얼마 전 마을 축제가 끝났다. 그 이후로 내가 예상했던 일이 시작되었다. 성도 모두 각오하기는 했지만, 그렇다고 힘겨운 일이 가벼워지는 것은 아니었다. 성도들에게 고난이 본격적으로 닥쳤다.

사실 성도 대부분은 그들의 삶에 찾아온 크고 작은 변화를 진작부터 견디고 있었다. 그 변화들은 가정에서부터 시작되었다. 가족 모두가 함께 회심한 성도들은 괜찮았지만, 그렇지 못한 성도들은 가족과 갈등을 겪어야 했다. 성도들이 더는 이전에 섬긴 가족 신을 섬길 수 없다고 선언했기 때문이다. 믿지 않는 부모들은 그들을 못마땅하게 여겼다. 친척들도 그들을 비난했다. 한 성도에게는 이런 일도 있었다. 그의 친척들이 으름장을 놓기를, 자기들에게 불행한 일이 닥치면 모두 그 성도 때문에 내린 신의 저주라고 했다. 그들은 피를 나누었지만 더 이상 한 가족으로 묶이기는 어려웠다.

함께 일한 동료, 거리의 이웃들과도 조금씩 멀어졌다. 성도들의 삶과 말이 그들에게 낯설었을 것이다. 한 성도는 '오늘은 거하게 술에 취해 보자!' 하는 동료의 말에 자신은 그럴 수 없다고 대답했다. 다른 성도는 평소처럼 '창녀의 집에 들어가자' 하는 이웃의 제안에 이제는 그럴 수 없고, 자신은 빛의 자녀이기 때문에 몸을 거룩하게 해야 한다고 대답했다.[2] 그러자 그 이웃은 '그럼, 나는 더럽다는 말이냐? 나는 어둠의 자녀냐?' 하고 되받아쳤다고 한다. 한번은 동료가 손님을 속여서 값싼 상품을 좋은 재료로 만든 물건인 양 팔려 하자, 더는 그런 속임수를 쓰지 말자고 했다가 크게 다툴 뻔했다. 또 다른 성도는 이전에 속했던 어소시에이션에서 나오려 하자 배신자라는 말도 들었다. 성도들에게 이런 비슷한 이야기를 수없이 많이 들었다.

   성도들은 '그리스도의 도를 따르는 독특한 사람들'이라고 불렸다. 그 의미는 긍정적이기보다는 부정적이었다. 18번가에 그들에 대한 소문이 점차 퍼져 나갔다. 그리고 어느새 성도들은 '평화와 협력을 깨뜨리는 사람들' '자기들만 옳고 깨끗한 독선가들' '다른 사람을 어둠의 자녀라고 정죄하는 빛의 자녀들' '신들에게 제사 지내지 않는 무신론자들' 심지어 우리가 나누는 주님의 만찬을 오해해서 '사람의 살과 피를 먹는 사람들'이라고 불렸다.[3] 우리는 이제 이 거리에서 의도하지 않았음에도 다른 사람들 눈에 띄는 존재가 되어 버렸다.

   그러던 중 얼마 전에 마을 축제가 시작되었다. 1년에 한 번 있는 꽤 큰 축제였다. 음식이 풍성했다. 디오니소스에게 제사를 지낸 후 남은 고기도 마을 주민이 나누어 먹었다. 마을 축제는 평범한 사람들은 평소에 좀처럼 먹지 못하는 고기를 맛볼 귀한 기회다. 그래서 이날만을 손꼽아 기다리는 사람들도 있다. 데살로니가의 유력자들은 자신의 이름을 내걸고 선물을 나누어 주었으며, 사람들은 그들

---

2   살전 4:3-5.
3   참고. 행 17:5-7.

을 향해 박수갈채를 보내기도 했다. 어떤 이들은 구석에서 거하게 술판을 벌였고, 행진과 황제 숭배도 이어졌다. 대부분은 "우리를 구원한 클라우디우스 황제 만세! 로마 황제 만세!" 하고 함께 외쳤다. 축제는 클라우디우스 황제에게 충성을 맹세하는 시간이기도 했다.

우리 성도들은 축제 기간에 조용히 지내면서 자기 일에 힘쓰기로 했다.[4] 제사에 참여하지 않기로 다 함께 결정했고, 우상에게 바친 제사 음식도 먹지 않기로 했다. 또 술에 거하게 취하지 않기로 했다. 나는 주 예수의 날에 우리 모두 흠 없이 서기를 독려했다. 우리는 이렇게 조용하게 지내며 축제 기간이 끝나기를 숨죽여 기다리려고 했다.

대부분은 우리에게 관심이 없었다. 유력한 사람들은 당연히 우리에게 별 관심을 두지 않았다. 그런데 우리와 피부를 맞대고 지낸 18번가 사람들은 달랐다. 매일 거리를 오가며 얼굴을 보던 사람들은 우리에게 관심이 컸다. 그래서 우리가 조용하게 지내는 것이 그들에게 오히려 눈에 띄었다. 항상 함께하던 사람들이 갑자기 보이지 않으니, 그들은 의아하게 생각했다. 마을을 안전하게 보호해 달라고 기도하는 제사에도, 함께 교제를 나누는 시간에도, 로마 황제에게 충성을 맹세하는 때에도 우리가 전혀 나타나지 않으니 이상하게 여긴 것이다.

18번가 사람들은 '평화와 협력을 깨뜨리는 사람들'이 어디에 있

4　살전 4:11.

는지 궁금해하기 시작했다. 왜 마을을 위한 일에 참여하지 않는지 의아해했고, 실제로 우연히 마주칠 때마다 같은 거리에 살며 일하는 이웃들은 성도들에게 물었다. "마을 행사에 왜 참석하지 않았죠?" 성도들은 거짓말하지 않았다. "우리는 더는 사람이 만든 우상을 섬기지 않습니다." 이렇게 덧붙이는 사람도 있었다. "황제도 섬기지 않습니다."

그때부터였다. 사람들의 태도가 완전히 달라졌다. 이전에는 의아하게, 이상하게, 낯설게, 얼마간 경계하며 눈여겨본 정도였다. 그러나 이제는 성도들에게 공개적으로 공격적인 태도를 보였다. 성도들은 '배신자'로 낙인찍히게 되었다. 바로 전날까지만 해도 반갑게 인사해 주던 사람들조차 이제는 싸늘한 눈초리를 보냈다. 지금 당장 그 이상한 모임에서 나오지 않으면, 함께 일할 수 없다는 협박을 받는 성도도 생겼다.

아미오스의 태도가 가장 많이 바뀌었다. 처음에 그는 우리를 열성으로 환대해 주었는데, 이제는 우리를 가장 심하게 배척한다. 우리가 처음 데살로니가에 와서 방문한 어소시에이션은 그를 중심으로 우리에 대해 안 좋은 소문을 냈다. 우리가 자신들의 공동체에서 사람들을 빼 가는 바람에, 그들의 어소시에이션이 위태로워졌다고 이야기했다. 자신들을 이간질한다는 이야기도 했다. 원래 사이가 좋은 공동체였는데 그런 평화가 깨져 버렸다고 말하기도 했다. 처음 아미오스가 우리에게 보낸 지대한 관심이 이제는 그만큼 큰 적의가 되어서 돌아왔다. 아미오스만 아니라, 다른 이웃들도 우리에게 보인 애정만큼 이제는 우리를 미워하고 있다.

오늘 마음이 몹시 복잡하다. 성도들에게 잘하고 있다고 격려하려다가도, 그들의 삶이 걱정되었다. 우리는 괜찮을 거라는 말을 입 밖으로 내려고 하다가도, 그들이 얼마나 힘든지 그리고 앞으로도 얼마나 힘들 것인지 알기에 쉽게 그렇게 말할 수 없었다. 어쩌면 이런 어려움이 그들의 믿음을 집어삼킬 수도 있는 노릇이었다. 지금도 문제이지만 앞으로는 더 걱정이다. 아마 더욱 견디기 힘든 비난, 비방 그리고 소외, 고독을 경험할 것이다. 어제의 친구와 이웃이 내일의 적이 될 것이다. 내가 이토록 확신할 수 있는 것은, 사실 이런 고난은 이미 내가 경험한 그리고 경험하고 있는 바이기 때문이다.

성도들에게 나는 무어라 말해야 할까? 잘하고 있으니 더욱 굳건해야 한다고 말해야 할까? 그저 참고 견뎌야 한다고 말해야 할까? 아니면 어느 정도는 타협해도 괜찮다고 말해야 할까? 지혜롭게 행동하라고 말해야 할까? 그렇다면 '지혜로운 행동'은 또 무엇일까? 외인에 대하여 더욱 조심스럽고 단정하게 행동하라고 권하기는 해야겠다.[5]

우리 성도들이 자랑스럽다. 어려움 가운데도 그리스도의 도를 바르게 따라가는 모습을 보니 자랑스러울 수밖에 없다. 이 어려움을 잘 견디고 이겨 내기를 하나님에게 기도한다. 하나님이 그들의 삶을, 그들의 마음을 지켜 주시기를 간절히 소망한다.

---

[5] 살전 4:12.

형제자매 여러분,

여러분은 그리스도 예수 안에서

유대에 있는 하나님의 교회들을 본받는 사람이 되었습니다.

그들이 유대 사람에게서, 고난을 받은 것과 같이,

여러분도 여러분의 **동족**에게서 **똑같은 고난**을 받았습니다.

데살로니가전서 2장 14절, 저자 강조

여러분도 아는 대로,

우리는 이런 환난을 당하게 되어 있습니다.

우리가 여러분과 함께 있을 때에,

장차 우리가 환난을 당하게 되리라는 것을

여러분에게 미리 말하였는데,

과연 그렇게 되었고,

여러분은 그것을 알고 있습니다.

데살로니가전서 3장 3b-4절, 저자 강조

깊어지는 고난, 깊이를 더하는 유대감
50년 6월 6일

축제가 끝난 지 열흘이 지났다. 한 성도는 일자리를 잃었다. 그의 직장 동료들이 더는 그와 함께 일할 수 없다고 했다. 다른 이들도 사정이 그리 좋지 않다. 이전에는 호의적이었던 사람들이 성도들에게서 등을 돌렸다. 덕분에 성도들은 이웃에게 도움을 요청하기가 어려워졌다. 필요한 도구를 빌리거나 잠깐 손을 빌리기도 어려웠다. 사람들이 나와 성도들을 불편해하는 게 느껴진다.

모두가 우리를 이상하게 생각했다. 황제도, 가족 신도, 마을 신도 섬기면서 예수를 섬기면 될 텐데, 상황을 복잡하게 만든다고 생각했다. 당신의 구원자를 예배하면서 마을 제사에도 참여하면 되는데 그렇게 하지 않는다고 이상하게 여겼다. 18번가에 있는 여러 어소시에이션과 교회에서 모두 활동하면 될 텐데, 괜히 상황을 거북하게 만든다고 했다. 그들이 우리의 상황을 쉽게 보고, 우리를 이상하게 느끼는 건 어찌 보면 당연하다.

사실 어려움을 겪는 성도들을 보고 있자니 마음이 무너져 내린다. 내가 겪는 어려움은 이미 오래전부터 각오한 것이다. 내가 이방인들에게 복음을 전하기로 결단한 순간부터, 이미 예상한 바였다. 추위와 배고픔, 갈증을 뼈저리게 느끼리라고 생각했다. 정처 없이 떠돌아다녀야 하고, 강도와 도둑을 만날 수 있으며, 물에 빠지거나 산길을 헤매리라고 각오했다. 혹은 우리를 박해하고 오해하는 사람들에게 채찍질을 당하고 곤장을 맞거나, 감옥에 갇히고 비방받으리라고 예상했다. 죽을 고비 또한 몇 번이고 마주하리라고 생각했다. 실제로 그랬다. 내가 겪어 내야 하는 고난은 괜찮다. 이 고난을 통해 조금이라도 더 많은 이방인이 구원받는다면, 이 정도 대가는 하찮다. 그런데 성도들의 고난은 내 마음을 짓누른다. 그들이 어려움을 경험하리라고 예상은 했다. 그런데 이것은 내가 당하는 고난과 또 다르게 다가온다. 내가 그들을 위해 할 수 있는 일이 별로 없다는 사실이 나를 더욱 힘들게 한다.

제일 걱정되는 것은 그들의 믿음이다. 이제 갓 하나님을 믿기 시작한 이들의 믿음이 이런 일로 흔들릴까 봐 염려된다. 내가 성도들을 믿지 못하기 때문은 아니다. 내가 하나님을 믿지 못하기 때문도 아니다. 혹여 사탄이 그들 마음에 틈타 그들을 미혹할까 봐 걱정된다. 사탄은 분명히 이때가 기회라 여겨 성도들의 마음을 조종하려 들 것이다. 특히 믿음이 약한 이들부터 공략하여 마음을 흔들어 놓을 것이다. 그들 마음에 걱정을 심고, 미래에 대한 두려움과 공포를 싹트게 할 것이다. 사탄의 계략은 내가 잘 안다.

이런 염려 때문인지 요즘 내 표정이 그리 좋지 않았나 보다. 오늘 성도 몇 명이 내게 찾아와 안색이 좋지 않다며 나를 걱정해 주었다. 나는 성도들을 걱정하는데, 성도들은 나를 걱정했던 것이다!

나는 솔직히 털어놓았다. 요즘 성도들이 겪는 일로 슬프고 힘들며 걱정된다고 말했다. 그러자 자신들은 잘 견디고 있다며 그들이 나를 위로했다. 어쩌면 이 말이 내가 정말로 듣고 싶었던 말인지도 모르겠다. 이어지는 그들의 말은 나를 더욱 따뜻하게 위로했다.

그 가운데 한 명이 자신의 이야기를 숨김없이 털어놓았다. "저도 처음에는 정말 힘들었어요. 거짓말하고 싶지 않아요. 혹시 내가 잘못된 길에 들어선 것은 아닌가 하는 생각도 들었습니다. 지금 내가 가진 확신이 거짓으로 드러나면 어쩌지? 정말로 가족 신과 마을 신이 우리 때문에 우리가 사랑하는 사람들에게 보복하면 어쩌지? 얼마 전에 일어난 지진도 우리 때문에 일어난 것이라면 어떻게 하지? 최근 바다에서 난 사고가 정말 우리에 대한 신의 노여움 때문이면 어쩌지? 이런 생각이 들었습니다.

제가 사랑했던 사람들이 저를 비난할 때는 정말 버거웠어요. 저를 잘 모르는 사람이야 사실 제게 관심도 없고, 그들의 이야기는 그다지 대수롭지 않습니다. 그런데 친하게 지내던 이웃이 저를 차갑게 바라볼 때, 친척이 냉소적인 태도로 저를 대할 때 또 함께 일하던 동료들이 작업장에서 저를 소외시킬 때 순간순간 정말 힘들었어요. 바울 사도님께서 미리 다 예고하셨는데도 쉽지 않았습니다. 저의 부족함을 용서해 주세요. 저는 참 연약합니다."

내가 예상한 대로였다. 그들에게도 틀림없이 쉽지 않은 일이다. 그렇지 않아도 팍팍한 삶인데 이 상황으로 얼마나 더 어려워졌을까 생각하니, 그 순간 마음이 더욱 무거웠다. 그런데 계속된 그들의 이야기는 내 예상을 뛰어넘었다.

"이렇게 어려운 일이 있으니 의지할 사람이 교회 형제자매들뿐이었어요. 힘들 때마다 가까이 있는 성도들을 찾아가 대화했어요.

정도는 다르지만 다들 비슷한 어려움을 겪고 있었습니다. 이렇게 계속 대화하면서 한 가지 확신이 생겼어요. 이들은 나를 진심으로 걱정하는구나! 그들뿐 아니라 저도 다른 성도가 찾아오면 진심으로 위로했습니다. 그리고 실제로 도울 일이 있는지 고민했습니다. 작업장에서 어려움을 겪는 형제가 제게 찾아왔는데, 그때 마침 저희 작업장에 일손이 필요했거든요. 그래서 지금 같이 일하고 있습니다. 저도 도움이 필요할 때 이제는 성도들을 먼저 찾습니다. 우리는 서로에게 위로가 되어 주었어요. 전보다도 지금 더 끈끈해졌습니다. 서로에게 없어서는 안 되는 존재가 되었습니다. 이게 바로 사도님이 말씀하신 하나님의 새로운 가족인 거지요?"

울컥 눈물을 쏟을 뻔했다. 성도들은 내 생각보다 어려움을 잘 견디고 있다. 그저 견디는 데 그치지 않고, 이전보다 더 깊은 사랑으로 서로를 돌본다. 고난이 그들을 똘똘 뭉치게 한다. 하나가 되었다. 누가 이런 사랑과 협력을 이들에게 가르쳐 주었을까? 내가? 아니다. 하나님이 그들에게 가르쳐 주셨다. 나는 그 사실을 더욱 확신했다.

또 우리는 하나님 우리 아버지 앞에서

여러분의 믿음의 행위와 **사랑의 수고와**

우리 주 예수 그리스도께 둔 소망을

굳게 지키는 인내를

언제나 기억하고 있습니다.

데살로니가전서 1장 3절, 저자 강조

떠날 결심
50년 6월 21일

밤이 되었다. 우리는 급히 짐을 쌌다. 성도들이 우리를 몰래 찾아와서는 데살로니가를 빨리 떠나야 한다고 이야기했다. 야손은 그러라고 강권했다. 떠날 때가 되기는 했지만 이런 식으로 떠나게 되리라고는 꿈에도 생각하지 못했다. 힘들어하는 성도들을 데살로니가에 남겨 두고 나만 떠나야 하는 상황에 마음이 무거웠다. 그동안 이들의 사랑의 수고가, 믿음의 행동이, 소망의 인내가 깊어지는 것을 보기만 해도 행복했다. 그런데 이제 막 믿음 생활을 시작한 성도들을 떠나야 한다.

낮에 유대인 몇이 움직이기 시작했다. 이유는 정확히 모르겠지만, 그들은 나와 실루아노를 처음부터 미워했다. 어쩌면 질투했다는 표현이 적절할지도 모른다.[6] 그들은 내가 처음 데살로니가 회당에서 성경으로 강론할 때, 그 자리에 있었다. 내가 예수님이 그리스도시라고 말할 때, 그들은 '예수가 그리스도일 리 없다'고 반박했다. 또 내가 종말의 때가 이미 시작되었다고 말할 때, 종말의 때를 가리키는 징조와 표징이 아직 나타나지 않았다고 말했다. 그런 징조가 있다면 보여 달라고 했다. 내가 우리를 구원하기 위해 그리스도이신 예수님이 십자가를 지셨고 이내 부활하셨다고 말할 때, 그

---

[6] 행 17:5.

리스도가 그런 수치스러운 십자가를 지실 분이 아니라고 했다.

그 뒤로 그들의 얼굴을 볼 일이 거의 없었다. 그런데 데살로니가 교회에 사람들이 조금씩 모이자, 우리의 선교 활동이 그들에게 거슬렸나 보다. 야손의 이야기를 들어 보니, 오늘 갑자기 그들은 시장에서 어슬렁거리는 불량배들을 고용해서, 시끄럽게 떠들며 나와 실루아노에 대해 이것저것을 묻고 다녔다고 한다. 또 그들은 우리를 찾지 못하자, 우리와 야손의 관계에 대해서 듣고 결국 야손의 집까지 쳐들어갔다. 그런 뒤 야손과 다른 성도들까지 끌고 나와 대중과 시청 관원 몇 앞에 세웠다.

그들은 우리 성도들을 두 가지 죄목으로 고발했다. 모두 시장에서 떠돌던 소문에 근거한 것이다. 하나는 '모든 곳에서 분란을 일으킨다'는 것이었고, 다른 하나는 '황제의 명령을 거역하고 다른 왕을 섬긴다'는 것이었다.[7] 그들은 시장에서 떠도는 우리에 관한 소문을 들었던 게 분명하다. 그 소문이 완전히 잘못된 것은 아니지만, 그렇다고 옳은 이야기도 아니다. 18번가에서 일어난 소란의 중심에 우리가 있기는 하지만, 우리가 소란을 일으킨 것은 아니다. 우리는 정말로 우리의 일만 열심히 하며 조용히 지내려고 힘썼고, 실제로 그렇게 했다. 그런데 어느새 분란을 일으키는 사람들이 되어 버렸다. 우리의 의도와는 상관없이 그렇게 되었다.

아마 대중들은 두 번째 죄목에 더 놀랐을 것이다. 데살로니가에

---

[7] 행 17:6-7.

서 감히 황제의 명령을 공개적으로 거부하는 사람이 있으리라고는 상상도 못 했을 테니까. 반역죄에 해당하는 일을 저지른 사람들이 어떤 처벌을 받는지는 모두가 잘 안다. 우리는 그런 반역을 꿈꾼 적이 없다. 나는 심지어 성도들에게 "사람은 누구나 위에 있는 권세에 복종해야 합니다"라고 가르친다.[8] 다만 땅의 권세는 하늘의 권세 아래에 있다고 이야기할 뿐이다. 땅의 권세는 하늘의 권세에 비할 수조차 없다고 말할 뿐이다.

다행히 야손과 성도들은 별다른 고초 없이 풀려났다. 천만다행이었다. 풀려나자마자 그들은 자기 몸보다 나를 먼저 걱정했다. 내게 달려와 데살로니가를 떠나야 한다고 강하게 권했다. 이런 일이 있을 것이라 예상을 못 한 것은 아니지만, 갑작스럽기도 했다. 지금 성도들의 상황을 생각하면 더욱 난처하고 당황스러웠다.

내가 성도들에게 가장 필요한 순간에 떠나게 되었으니 마음이 버거울 수밖에 없다. 그런데 생각해 보니 그들에게 내가 꼭 필요하다는 마음이 어쩌면 교만일지도 모르겠다. 내가 없어도 괜찮지 않을까? 여기저기 교회를 세우면서 느낀 바가 있다. 모두 하나님이 일하시고 하나님이 돌보신다. 그러니 하나님은 내가 부재하면 다른 이를 통해서 그분의 일을 하시지 않을까? 마찬가지로 빌립보 교회도 나 없이 튼튼하게 세워지고 있지 않은가? 언제부터인가 교만한 마음이 싹튼 것 같다. '나 아니면 안 돼'라는 마음 말이다. 그런

---

8 롬 13:1.

생각에 이르자 '나 없이도 괜찮다'는 마음이 생겼다. 성도들과 함께 있으나 떠나 있으나 그들을 위해 기도하는 것만으로도 충분하리라는 생각도 들었다.

그래도 아쉬운 마음이 드는 건 어쩔 수 없다. 그동안 성도들과 쌓아 온 관계, 신뢰, 사랑을 생각하면 슬픔이 밀려온다. 지난 몇 개월간 이들과 함께하며 쌓은 추억이 있다. 어떤 이들에게는 그저 지나간 시간이겠지만, 나에게는 이곳에서 보낸 하루하루가 생생하게 살아 마음속에서 세차게 흐르고 있다. 그 모든 순간이 마치 어제 일처럼 가깝게 느껴진다. 지금 나는 마치 부모를 잃은 고아가 된 듯하다. 사실은 그들에게 내가 필요한 것이 아니라, 나에게 그들이 필요한 것은 아니었을까? 그들을 통해 배운 것도 많다. 데살로니가에서 지내면서 그들로부터 수없이 많은 사랑을 받았다. 그들은 항상 나의 필요를 눈여겨보다가, 꼭 필요한 상황과 시기에 나를 찾아와 적절한 도움을 전해 주곤 했다. 그래서 오히려 나는 그들에게 빚진 느낌마저 든다.

성도들과 충분히 인사 나누지도 못했다. 야손이 나를 쫓아내듯 배웅했다. 성도들 모두 슬픈 내색을 하지 않으려 애쓰는 게 보였다. 마지막까지 나를 생각하는 모습이었다. 나는 그런 성도들과 헤어지며 이렇게 인사했다. "여러분이야말로 저의 영광이요, 기쁨입니다. 이 말은 진심입니다."[9]

---

[9] 살전 2:20.

아, 나는 정말로 고아가 되었다.

그러나 유대 사람들은 시기하여,
거리의 불량배들을 끌어모아다가 패거리를 지어서
시내에 소요를 일으키고 야손의 집을 습격하였다.
그리고 바울 일행을 끌어다가 군중 앞에 세우려고 찾았다.
사도행전 17장 5절

형제자매 여러분,
우리가 잠깐 동안 여러분한테서 어쩔 수 없이
떨어져 있게 되었습니다(ἀπορφανισθέντες, **떨어져 고아처럼 되었다**).
그렇지만 대면을 못 하는 것일 뿐이지
마음으로는 그렇지 않습니다.
그럴수록 더욱 우리는 여러분의 얼굴 보기를 애쓰고 있습니다,
아주 간절하게요.
데살로니가전서 2장 17절, 새한글, 저자 강조

말씀으로 한 걸음 더 ⑤

사랑과 고난

사랑, 특히 형제자매 사랑은 데살로니가전서의 중심 주제 가운데 하나다. 다만 고린도 교회처럼 사랑을 제대로 실천하지 못하는 문제가 있어서 바울이 사랑을 강조한 것은 아니다(참고. 고전 13장). 이와는 완전히 반대로 데살로니가 교회 성도들이 형제자매 사랑을 훌륭하게 이루었기에, 그들을 칭찬하기 위해 사랑을 강조했다. 고린도전서에서는 '믿음, 소망, 사랑' 순으로 문제가 되는 사랑을 마지막에 두면서 사랑이 제일이라고 강조한다면(고전 13:13), 데살로니가전서에서는 "믿음의 행위와 사랑의 수고"와 "소망의 인내"(개역개정) 순으로 언급하며 문제가 되는 소망을 가장 마지막에 두고 사랑을 두 번째로 옮긴다(살전 1:3). 실제로 디모데는 데살로니가를 방문하고 난 뒤 성도들의 "믿음과 사랑의 기쁜 소식"을 바울에게 전해 주지만, 소망에 관해서는 언급하지 않는다(3:6). 또한 바울은 그들의 사랑을 칭찬하지만(4:9-12), 소망에 관하여는 길게 다루며 그들의 오해를 교정한다(4:13-5:11).

여기서 중요한 것은 데살로니가 교회 성도들이 회심한 지 얼마 되지 않았음에도, 더 나아가 심각한 고난을 경험하고 있었음에도, 서로 사랑했다는 사실이다. 그러한 상황에서 그들이 어떻게 그럴 수 있었을까 묻지 않을 수 없다. 바울이 데살로니가전서에서 사랑을 다루는 방식을 찬찬히 훑어보며 이 질문에 답해 보고 싶다.

바울은 그들의 사랑을 칭찬한다(4:9-12). 그는 형제자매 사랑에 관해 말하기 시작하면서 "여러분에게 더 쓸 필요가 없겠습니다"라고 이야기한다(9a절). 역언법paraleipsis이라 불리는 이러한 수사법은 고대 세계에서나 오늘날에도 전형적인 칭찬 방법이다. 누군가 당신에게 "공부에 대해서는 너에게 더 말할 게 없어"라고 말한다면, 이 말을 들은 당신은 어떻게 생각하겠는가? 다른 분야에서는 문제가 있을지라도 공부만큼은 잘하고 있다고 분명 생각할 것이다. 바울의 칭찬은 여기서 끝나지 않는다. 심지어 그들의 사랑이 "하나님께로부터⋯가르침을 받[은]" 것이라 말한다(9b절). "하나님께로부터 가르침을 받[은]"으로 번역된 단어 '데오디닥토스'θεοδίδακτος는 '하나님'θεός과 '배우는'διδακτός의 합성어다. 바울이 데살로니가 교회 성도들의 사랑을 칭찬하기 위해 그 당시의 유행어인 '스스로 배우는'αὐτοδίδακτος을 뒤틀어 새로운 용어를 만든 것이다. 바울은 그들을 극찬하기 위해 섬세하게 조율한 언어를 사용했다.

이뿐인가? 바울은 듣는 이가 부끄러울 정도의 칭찬을 이어간다. 그는 더욱 구체적인 사례를 제시한다. "온 마케도니아에 있는 모든 형제자매에게 그것을 실행하고" 있다고 말한다(10a절). 바울의 이 말을 들어도 데살로니가 교회 성도들의 모습이 구체적으로 그려지지 않을 수 있다. 실제로 우리는 그들이 어떤 방식으로 마케도니아에 기거하는 모든 성도에게 형제자매 사랑을 실천했는지 알 수 없다. 그러나 데살로니가 교회 성도들과 바울은 그 상황을 구체적으로 알고 있었을 것이고, 이 때문에 그에 대해서 언급할 필요가 없었던 것이 분명하다.

여기서 우리는 조심해야 한다. 그들의 '사랑'을 추상화하지 말아야 한다. 사랑을 심리적인 것 또는 정서적인 것으로만 생각하지 말아야 한다. 바울은 사랑에 대해 그런 식으로 이해하지 않았다. 그가 사랑을 언급하면서 계속 함께 사용하는 단어들이 있다. "수고"(1:3), "수고와 고생"(2:9), "손으로 일을 하십시오"(4:11)가 그것이다. 그러니 데살로니가 교회 성도들이 칭찬받은 사랑도 수고와 고생과 일이라는 구체적인 행위를 동반했다고 할 수 있다. 만약 우리가 바울이 말한 사랑을 실천하고 싶다면, 우리의 상상력을 최대한 발휘해서 이를 더 구체화하면 좋을 것이다.

이쯤에서 우리는 놀랄 수밖에 없다. 다시 말하지만 데살로니가 교회가 세워진 지 그리 오래되지 않았고, 성도들은 극심한 고난을 경험하고 있었다. 이 상황에서 어떻게 이들은 구체적으로 수고하며 사랑을 잘 실천할 수 있었을까? 몇 가지 추측을 해 볼 수 있다.

첫째, 그들은 하나님으로부터 가르침을 받았다. 사랑의 실천은 하나님의 도우심과 인도하심이 없다면 이룰 수 없다. 너무나 당연한 이야기이지만, 우리가 자주 잊는 사실이기도 하다. 사랑을 실천하고 있으면서도 까먹기 쉽다. 사랑을 실천하면서도 우리에게 '손해 보는 마음' '지나친 피곤과 탈진' '불평'이 생긴다면, 우리가 사랑에 대해 하나님의 가르침과 인도를 받고 있는지 물을 필요가 있을 것이다. 사랑을 행할 힘은 하늘에서 얻는다. 연민의 하나님이 우리에게 베푸신 무한한 사랑과 은혜가 우리 개개인이 사랑을 실천하는 원동력이다(고후 8-9장). 이런 원천이 없다면, 사랑을 싣고 가는 우리의 기차는 덜컹거릴 수밖에 없고, 곧 멈춰 버릴 것이다.

둘째, 바울은 그들에게 훌륭한 본보기가 되었다. 그는 성도들을 사랑했기 때문에 "하나님의 복음을 나누어 줄 뿐만 아니라, 우리 목숨까지도 기쁘게 내줄 생각"이었다(2:8). 그래서 그들을 위해 수고하고 애쓴 것이다(2:9). 그는 더 나아가 그들의 사랑이 깊어지기를 기도하면서, "우리가 여러분을 사랑하는 것과 같이" 서로 사랑하라고 권한다(3:12). 그 외에도 바울이 사용한 여러 표현을 보면, 그가 얼마나 데살로니가 교회 성도들을 사랑했는지를 알 수 있다. 그들과 헤어진 것을 두고 '떨어져 고아가 되었다'ἀπορφανισθέντες라고 표현한다(2:17, "떠난 것은"). 디모데에게서 데살로니가 교회 성도들이 전한 좋은 소식을 듣고는 "[휴,] 우리가 이제는 살리라"고 말한다(3:8, 개역개정). 그리고 그들을 향한 자신의 마음을 부모의 마음으로 비유한다(2:7, 11). 애정이 묻어나는 말들이다. 이런 바울의 사랑에 보답이라도 하듯, 그들은 자신들의 사랑을 키워 갔다.

셋째, '새로운 가족'에 관한 가르침 때문이다. 앞서 살펴보았듯 바울은 끊임없이 하나님의 새로운 가족에 관한 이상을 데살로니가 교회 성도들에게 전했다. 이 이상은 그들에게 중요한 한 가지 정체성을 심어 준다. 바로 그들이 서로에게 형제자매라는 사실이다. '저 성도들이 정말로 나의 형제자매라면 어떻게 대해야 할까?' 하는 상상을 그들에게 부여해 주었다. 바울 서신을 읽는 우리도 우리의 현실에서 이런 상상력을 발휘하면 좋겠다. '함께 모여 예배드리는 교회의 모든 성도가 우리의 진짜 가족이라면 어떻게 대해야 할까?' 하는 상상 말이다.

넷째, 아이러니하게도 함께 겪는 고난이 그들의 유대를 더욱 굳건하게 했을 것이다. 이런 사례는 흔히 찾아볼 수 있다. 외부의 공격은 내부의 단합으로 이어지곤 한다. 실제로 사회심리학자들은 이를 기정사실로 받아들인다. 데살로니가전서 전반부를 보면, 데살로니가 교회 그리스도인들이 극심하고 지속적인 고난을 경험했음을 알 수 있다. 그러던 와중에도 바울은 그들의 사랑에 대한 좋은 소식을 들었다. 그들이 사랑으로 함께 고난을 이겨 낸 것이다.

여기서 한 가지 더 언급하고 싶다. 우리는 그들의 고난을 구체적으로 상상해 보아야 한다. 그들이 가정에서 고난을 경험했다면 구체적으로 어떤 어려움이었을까? 작업장에서 고난을 경험했다면? 이웃들과 사이가 틀어졌다면? 우리가 그런 세부 상황을 그려 낼 수 있다면, 그들이 서로에게 보여 준 사랑도 더욱 구체적으로 상상해 볼 수 있을 것이다. 더 나아가 우리도 우리의 현실에서 어떻게 어려움을 극복하고 서로에게 사랑을 실천할 수 있을지 상상할 수 있을 것이다.

함께 읽을거리

래리 허타도. 『처음으로 기독교인이라 불렸던 사람들』. 이주만 옮김. 이와우, 2017.
무명의 2세기 그리스도인. 『디오그네투스에게』. 서공석 옮김. 분도출판사, 2010.

⊗ 함께 나누어 보기

1 그리스도인으로서 이 세상을 살면서 겪는 어려움과 소외, 고독이 있다면 나누어 보자.

2 그리스도인들은 세상에서 갈등을 경험할 수밖에 없는 사람들인가? 그렇다면, 왜 그런가? 아니라면, 왜 아닌가?

3 그리스도인들은 세상(특히 직장)에서 어떤 삶을 살아야 하고, 어떤 관계를 맺어야 하는가? 분리와 배척? 포용과 사랑? 적절한 혹은 지혜로운 타협?

4 그리스-로마 문화(명예, 후원, 자천 등)와 초기 교회 문화는 분명 다른 점이 있었는데, 현대 한국 문화와 교회 문화는 실제로 어떤 점에서 비슷하고 어떤 점에서 다른가? 이상과 현실의 간극이 있다면, 이것도 나누어 보자.

5 현대인들이 경험하는 우상 숭배에는 무엇이 있을지 나누어 보자. 돈(맘몬, 플루토스), 성공(티케), 권력(크라토스), 혹은 승리(니케)?

6 함께 신앙생활하는 그리스도인들을 '나의 가족'이라 생각해 보고, 정말 그렇다면 그들을 어떻게 대해야 할지 상상해 보자.

후일담: 데살로니가 교회에 보낼 편지를 준비하며

내 마음이 성도들에게 닿기를
50년 9월 25일

고린도에 머무르고 있다. 데살로니가 교회 성도들을 생각할 때마다 걱정이 앞선다. '내가 없어도 괜찮을 거야' 싶다가도, 데살로니가에서 마지막에 겪은 그들의 상황을 떠올리면 걱정하지 않을 수 없다. 그들의 이웃, 가족, 직장 동료 모두가 그들을 흠잡기 위해 더욱 주시하고 있었으니 말이다.

혹여 이런 고난이 그들의 삶을 망가뜨리지는 않을까, 그래서 그들의 신앙을 뒤흔들지 않을까, 더 나아가 그 지역에 들인 우리의 수고가 헛된 것이 되지 않을까 노심초사하고 있었다.[1] 실제로 그들이 잘 지내는지 확인하기 위해 몇 번이나 데살로니가에 가고자 했지만, 사탄의 방해로 실패했다. 그래서 어쩔 수 없이 나를 대신해 디

---

[1] 살전 3:2-5.

모데를 보냈다.[2]

　바로 얼마 전, 디모데가 드디어 고린도로 돌아왔다. 그는 나를 보자마자 이야기했다. "괜찮습니다. 정말로 괜찮습니다." 디모데는 내가 데살로니가 교회 성도들을 얼마나 걱정하는지 잘 알고 있으니, 바로 내가 듣기 원했던 이야기를 해 준 것이다. 나는 그의 말을 듣자마자 안도의 한숨을 내쉬며 혼잣말로 이렇게 중얼거렸다. '휴, 이제야 살겠네.'[3] 얹힌 것이 내려가는 듯 시원했다. 디모데는 데살로니가에 다녀온 이야기를 상세하게 들려주었다. 데살로니가 교회 성도들은 그들의 믿음을 잘 지키고 있었으며, 특별했던 그들의 사랑은 시간이 지남에 따라 깊이를 더했다. 그러하리라고 어느 정도 짐작은 했다. 마케도니아 지역의 성도 누구든 데살로니가를 들를 때마다 큰 환대를 받았다는 소식을 이미 들었다.[4] 그저 얼핏 소식만 듣다가, 나의 사랑하는 동역자 디모데가 이를 확인해 주니 정말로 마음이 놓였다. 말 그대로 '복음'이었다. 그들의 "믿음과 사랑의 기쁜 소식"이었다.[5] 내게 전해진 기쁨 덕분에 입가에 미소가 그치지 않았다.

　이뿐 아니었다. 내가 아가야 지역에서 예루살렘 지역의 가난한 성도들을 위한 연보를 모금하려고 계획한다는 이야기를 어디서 들

2　살전 2:18-20.
3　살전 3:8b, 개역개정.
4　살전 4:10.
5　살전 3:6.

은 모양이다. 그들은 그 일에 자신들도 참여하고 싶다고 디모데에게 고집을 부렸다고 한다. 나와 디모데는 그들의 형편을 잘 안다. 그들은 "극심한 가난"과 "큰 환난의 시련" 가운데 있다.[6] 그런데도 디모데를 끈질기게 설득해서 자신들도 이 일에 참여하고 싶다는 의사를 밝혔다. 디모데는 필요하다고 판단되면 이야기하겠노라 말하고는 고린도로 돌아왔다.

물론 디모데가 좋은 이야기만 들려준 것은 아니다. 그들의 믿음과 사랑이 깊어진 것은 어려움과 고통이 사그라들었기 때문이 아니었다. 내가 염려한 대로 그들은 더욱 극심한 고난을 경험하고 있었다. 그런 환난 가운데서도 그저 굳건히 선 것이다. 그들은 마치 로마 군사들처럼 한 손에는 큰 방패를 들고, 가슴에는 단단한 호심경을 붙인 채 서로를 의지하며 고난을 함께 견뎌 내고 있었다. 희한하게도 힘든 순간을 함께 견딜 때마다 그들은 더욱 연대하며 하나가 되었다. 다시 생각해 보면 이는 당연한 일인지도 모른다. 그들은 "믿음과 사랑을 가슴막이 갑옷"으로 입었고, 이는 그들을 안전하게 지켜 주었다.[7] 그러나 어려움이 그들을 성장시켰다고 해서, 그들이 더 큰 고난을 겪기를 바라지는 않는다.

디모데가 전한 문제는 여기서 그치지 않았다. 데살로니가 교회 성도들의 믿음과 사랑에 대해서는 좋은 소식을 전해 왔지만, 그들이 지닌 소망에 대해서는 염려되는 바가 있었다. 디모데가 전한 이

---

6   참고. 고후 8:2, 4.
7   살전 5:8.

야기에는 소망에 관한 언급이 전혀 없었다. 그래서 내가 디모데에게 "성도들이 주님의 오심에 관하여 굳건하게 소망하고 있던가요?" 하고 물었다. 그는 고개를 끄덕였다. 다만 함께 신앙생활하던 한 사람이 죽자, 성도들은 큰 슬픔에 빠지고 말았다고 전해 주었다. 그리고 '주님의 날이 오기 전에 먼저 죽은 사람들은 어떻게 되는 걸까?' 하는 의문이 그들 가운데 생겼다고 한다. 데살로니가 지역 성도들이 지나친 슬픔에 빠지지 않도록, 그리고 종말의 때에 일어난 일에 관하여 오해하지 않도록, "구원의 소망의 투구"를 쓰도록 편지를 써 보내야 할 것 같다.[8]

그래도 이 정도면 내 예상보다 훨씬 더, 그들의 믿음과 사랑과 소망이 넓어지고 깊어졌으며, 단단해졌다. 이렇게 얼마 안 되는 시간 동안 이 정도의 성숙을 이룬 성도를 많이 보지 못했다. 이 글을 쓰는 지금도 다시 한번 마음이 놓이면서 깊은 숨을 내쉰다.

이러한 사실들을 토대로 2주 전부터 나는 데살로니가에 보낼 편지를 구상하고 있다. 이제 구상은 거의 끝났으니, 되도록 틀리지 않고 한 번에 편지를 완성하도록 오늘부터 외우려고 한다. 쓸 때도 한 자 한 자 꼼꼼하게 써야 한다. 더 이상 새로운 파피루스, 갈대 펜, 잉크와 같이 고가의 제품을 구입할 여력이 없다. 그렇다고 틀린 부분을 지저분하게 낙서처럼 남겨 둘 수도 없다. 반드시 단번에 꼼꼼하게 편지를 완성해야 한다.

[8] 살전 5:8, 개역개정.

이렇게 정성 들여 쓴 이 편지가, 아니 내 마음이 그들에게 닿기를 그래서 조금이라도 그들에게 위로가 되기를 소망한다.

그러므로 너희가 주 안에 굳게 선 즉

우리가 이제는 살리라.

데살로니가전서 3장 8절, 개역개정, 저자 강조

말씀으로 한 걸음 더 ❻

데살로니가전서의 전체 구성

데살로니가전서 고대 사본

나는 데살로니가전서를 '믿음과 사랑과 소망의 삼중주'라고 부르고 싶다. 더 구체적으로 말하면, 이는 "믿음의 행위" "사랑의 수고" 그리고 "소망의 인내"(개역개정)가 화음을 이루는 삼중주일 것이다. 이 음악은 데살로니가 교회 성도들의 삶과 동떨어진 채 그저 고상하기만 한 것은 아니다. 그들이 처한 삶과 문제에 반응하는, 아름다우면서도 실용적인 음악이다. 이 삼중주에는 성도들의 삶이 오롯이 녹여져 있다. 나는 바울이 그렇게 이 음악을 썼다고 확신한다. 그렇기에 이 음악을 들었던 성도들은 믿음과 사랑과 소망을 천천히 곱씹으며 위로받고 도전받았을 것이다. 정말 그러한지 지금부터 살펴보자.

바울은 먼저 편지 전체의 주제, 즉 믿음, 사랑, 소망을 **서론/도입**_exordium_에서 명시한다. "또 우리는 하나님 우리 아버지 앞에서 여러분의 **믿음의 행위**와 **사랑의 수고**와 우리 주 예수 그리스도께 둔 **소망을 굳게 지키는 인내**(소망의 인내)를 언제나 기억하고 있습니다"(1:3). 여기서 간략하게나마 각각의 주제가 가진 특징을 보여 준다. 믿음의 특징은 행위이고, 사랑의 특징은 수고이며 소망의 특징은 인내다. 이렇게 주제를 선언하고 나서, 편지 전체에서 믿음과 사랑과 소망에 관한 이야기를 하나하나 자세하게 풀어 나간다.

서론 이후에 긴 **이야기**_narratio_가 이어진다(1:4-3:10). 여기에는 데살로니가 교회 성도들이 회심한 때부터 바울이 편지를 쓰기 직전까지의 이야기가 담긴다. 이 이야기는 바울 스스로를 본보기로 내세우며, 어려움 가운데서도 믿음과 사랑과 소망을 지키기를 간접적으로 권고한다.

먼저 **"믿음의 행위"에 대한 이야기다**(1:4-9; 3:1-10). 데살로니가 교회 성도들은 대부분 이방인으로 "우상을 버리고 하나님께로 돌아와서 살아 계시고 참되신 하나님을" 섬기게 되었고(1:9), 많은 환난 가운데서도 "성령께서 주시는 기쁨으로 말쏨을 받아들여서" 바울과 주님을 본받은 자가 되었다(6절). 그리고 그들의 믿음에 관한 이야기는 "모범"이 되어 여러 지역에 퍼져 나갔다(7-8절). 바울은 이를 성도들에게 상기시켜 준다.

여기에 두 가지 흥미로운 사실이 있다. 첫째, 우상에서 돌아서서 하나님을 섬기게 된 일은 "주님을 본받은 사람"이 된 것과 거의 동일시된다(6절). 바울은 여기에서 성도들의 회심 사건을 묘사하고 있다. 즉 회심은 우상에서 돌아서서 하나님을 섬기는 일이면서 동시에 주님을 본받는 일이다. 이러한 '믿음의 행위,' 곧 주님을 본받는 일은 마케도니아와 아가야에 있는 모든 성도에게 "모범"이 되었다(7절). 그렇기에 바울은 믿음에 대해서 더 이야기할 필요가 없다고 말한다(8절).

둘째, 그들의 회심 사건은 "많은 환난을 당하면서도" 일어났다(6절). 데살로니가 교회 성도들에게 회심은 쉽지 않았다. 그들은 구체적인 환난의 내용을 기억했겠지만, 우리가 이를 정확히 알 수는 없다. 아마도 가족, 이웃, 동료가 그들의 회심을 반대했을 가능성이 있다(참고. 2:14). 그들은 섬기는 신 뿐만 아니라, 삶의 방식을 완전히 바꿨다(4:1-8). 그러니 주변 사람들과의 충돌은 당연했을 것이다. 한 가지 확실한 사실은 그들의 환난이 지속적이고 극심했다는 것이다. 회심 때부터 바울의 편지를 받기까지 그들은 계속해서 큰 고난을 겪고 있었다(3:3). 아니, 시간이 지날수록 점점 더 큰 고난에 맞닥뜨렸을지 모른다. 그러나 이런 고난에도 그들은 하나님을 향했고, 이후로도 계속 믿음을 지켜 나갔다(3:6).

이 믿음에 관한 이야기는 성도들에게 믿음의 본질을 일깨워 준다. 먼저 믿음은 "어떻게 살아야" 하는지, 그리고 이를 통해 "어떻게 하나님을 기쁘게 해 드려야 할 것인지"와 깊은 관련이 있다(4:1). 그들은 애초에 회심할 때부터 주님을 본받는 일에 참여했고, 이를 통해 자신들이 다른 지역 성도들에게도 모범이 되었음을 알고 있었다. 바울은 그저 한 번 더 그 사실을 기억하도록 돕는다.

다음으로 믿음은 고난을 수반할 수도 있다. 고난과 고통은 신의 저주나 부도덕한 일 혹은 잘못된 믿음에서 기인한 것이 아니라, 믿는 사람들에게는 자연스럽고도 당연한 일이다. 믿음으로 인해 새로운 삶의 방식을 선택한다면, 이는 그들에게 고난을 가져다 줄 수도 있다. 바울은 고난이 있으리라고 성도들에게 예고했고 실제로 그런 일들이 벌어졌다(3:4). 회심 때부터 큰 환난을 당한 데살로니가 교회 성도들에게 고난은 믿음, 특히 믿음의 행위가 낳은 당연한 결과였다. 그렇기에 현재의 고난도 자연스럽게 받아들이고 인내하며 이겨 낼 수 있게 되었다. 사도 바울은 환난 때문에 성도들의 믿음이 흔들릴까 봐 걱정했지만(3:3), 다행히도 그런 일은 일어나지 않았다 (3:6). 그는 앞으로도 계속 그러하기를 바라면서 믿음과 고난의 관계를 성도들에게 말해 준다.

그다음, "사랑의 수고"에 대한 이야기가 이어진다(2:1-3:10). 바울은 자신의 진실하고 이타적인 사랑을 변론하면서 자신이 어떤 방식으로 사역했는지, 무엇보다 성도들을 어떻게 그리고 얼마나 사랑했는지를 이야기로 풀어낸다. 성도들은 바울에게 사랑받는 사람이었다(2:8). 이 사랑은 성도들에게 복음을 전한 가장 본질적인 동기였다(2:1-6). 바울은 그들에게 복음을 나누어 주었고 "목숨"까지도 기쁘게 내줄 마음이었는데, 이는 그들을 사모하고 사랑한 연유다(2:8). 시간이 지나서도 그의 사랑은 식지 않았다. 그는 기회가 있을 때마다 데살로니가 교회 성도들의 얼굴 보기를 간절히 바랐다(2:17-20).

이런 사랑의 노래를 부르면서, 사도 바울은 사랑에 두 가지 속성을 부여한다. 첫째, 이 사랑은 마치 가족 간의 사랑 같다. 그는 어머니가 되어 따뜻하게 돌보고(7절), 아버지가 되어 한 사람 한 사람에게 용기를 북돋아 주고 위로하며 권면한다(11-12절). 또 그는 형제가 되어 친절하게 권유한다(9, 14절). 바울이 말하는 사랑은 모성애, 부성애, 형제애를 모두 포함하는 가족 간의 사랑인 것이다. 이 사랑은 어려움도 너끈히 이기게 한다. 둘째, 사랑은 수고다. 바울은 이미 "사랑의 수고"라고 말했지만(1:3), 그 정도 강조로는 성에 차지 않았던 모양이다. 그는 사랑에 대해 계속 이야기하며, 이 사랑을 "수고와 고생"과 동일시한다(2:8-9). 더 구체적으로 그는 사랑하기 때문에 "밤낮으로 일"했다. 성도들에게 폐를 끼치지 않으려고 노력한 것이다. 그는 또한 일하면서 하나님의 복음을 전했다. 이렇게 수고하고 애쓴 것을 성도들이 기억하리라고 바울은 기대한다. 바울에게 사랑은 구체적이다. 단순한 감정이 아니라, 수고하고 애쓰고 밤낮으로 일하는 것으로 표현된다.

바울은 성도들이 자기가 한 사랑의 수고를 기억하면서 본받기를 기대한다. 그의 이 사랑 노래는 자신의 노고를 뽐내서 공치사를 받기 위한 것이 아니었다. 구차하게 그의 사랑의 수고를 인정해 달라는 요구도 아니었다. 대신 그는 이번에는 고난을 사랑과 연결하며, 자기를 본받는 사랑이 고난을 이겨 내게 할 것이라고 말한다(참고. 2:13-16; 3:1-13; 4:9-12). 믿음에 고난이 필연적으로 따른다면, 이 고난을 이기는 것은 사랑이다. 아버지로서, 어머니로서, 형제로서 서로 돌보고 위로하고 돕고 손 내밀어 일으켜 세우고 '밤낮으로 일하는' 사랑이, 곧 수고하고 애쓰는 사랑이 고난을 함께 이겨 내도록 돕는다.

이제 소망의 인내에 관해 이야기할 차례다. 그런데 우리가 기대한 순서에 그 주제가 나오지 않는다. '문제가 생긴 것은 아닌가'하는 의구심이 든다. 바울은 소망과 관련된 짧은 말들을 이곳저곳에서 등장시킨다(1:10; 2:12, 19). 그들은 회심 이후에 줄곧 하나님의 "아들 곧 장차 내릴 진노에서 우리를 건져 주실 예수께서 하늘로부터 오시기를" 기다리고 있다(1:10). 그 외의 이야기는 궁금증만 유발할 뿐 바울은 더 말하지 않는다. 특히 바울은 디모데가 자신에게 데살로니가 교회에 대한 소식을 가져왔을 때 "믿음과 사랑의 기쁜 소식"을 전해 주었다는 사실만 언급한다(3:6). 소망에 관한 보고는 왜 언급되지 않을까? 청중은 이 질문을 일단 마음에 품고 다음으로 넘어갈 수밖에 없다.

이제 '**나라티오**'(이야기)에 뒤이어 **기도가 나온다**(3:11-13). 기도는 이어질 권면에 앞서 그 내용을 예고하며 전환*transitus* 시킨다. 이 기도는 성도들의 믿음과 사랑과 소망에 대한 것이다. 먼저 사랑이 더 깊어지고 넓어지기를 기도한다. 바울은 자신이 그들을 사랑하듯이(2:1-12) 서로 사랑하고, 이 사랑이 더 넓어져 모두를 사랑하는 데 이르기를, 그래서 사랑이 넘쳐 나기를 기도한다(3:12). 이어 성도들의 마음이 굳건해져서 하나님 앞에서 거룩하고 흠 없기를, 그래서 결국 예수님이 다시 오실 때까지 그러하기를 기도한다(3:13). 그리고 나서 자연스럽게 **권면**exhortatio으로 넘어간다.

  첫 번째는 믿음의 행위에 대한 권면이다(4:1-8). 데살로니가 교회 성도들은 훌륭하게도 '어떻게 살아야 하는지' 그리고 '어떻게 하나님을 기쁘시게 할 수 있는지'를 알았고, 실제로도 자신들이 아는 바대로 살아가고 있었다(1-2절). 계속 그렇게 하라는 말밖에는 할 말이 없을 정도였다. 다만 바울은 부르심을 따라 그리고 믿음을 따라 거룩하게 살아가는 일, 특히 음란을 버리는 일에 대해서는 조금 더 길게 권면할 필요를 느꼈다(3-8절). 아마도 성적 문제와 관련해서는 데살로니가 교회 성도들도 자유롭지 못했던 것 같다.

  두 번째는 사랑의 수고에 대한 권면이다(4:9-12). 짧은 권면이지만 여기에는 많은 것이 담겨 있다. 일단 칭찬이 나온다(9-10절). 바울은 길게 이야기할 이유를 못 느끼며 그저 더욱 잘하라고 권면한다. 특이한 것은 다음 부분이다. 형제자매 사랑에 관해 이야기하는데, 갑자기 "조용하게 살기를 힘쓰고, 자기 일에 전념하고, 자기 손으로 일을 하십시오" 하고 권면한다(11절). 그런 뒤 이는 "바깥 사람을 대하여 품위 있게 살아가야 하고, 또 아무에게도 신세를 지는 일이 없도록" 하기 위해서라고 말한다(12절). 이러한 권면이 사랑과 어떤 관련이 있을까? 바울은 다시 한번 고난과 사랑을 연결하는 듯 보인다. "바갚 사람을 대하여 품위 있게 살아가야 하고"라는 표현은 외부인과의 갈등, 특별히 고난을 다시 한번 떠올리게 만든다. 그러면서 바울은 이런 고난을 이기는 방법으로 교회 공동체 모두 함께 조용히 살고, 자기 일에 힘쓰며, 자기 손으로 일하는 것을 제시한다. 이러한 수고들은 형제자매를 향한 사랑에서 기인한다. 바울은 가족 공동체가 함께 수고하고 애쓴다면, 직면한 고난을 다같이 극복하리라고 기대하는 듯 보인다.

세 번째는 소망의 인내에 대한 권면이다(4:13-5:11). 드디어 바울은 소망에 관하여 말하기 시작한다. 그는 이 부분에 가장 긴 분량을 할애한다. 소망이 가장 큰 문제였음이 드러나는 순간이다. 데살로니가 교회 성도들은 원래 열렬히 주님의 날을 기다렸다(1:10). 그런데 다른 성도들의 죽음을 목격하면서 소망 없는 사람처럼 슬퍼했고, 그들의 인내심은 바닥이 드러났다. 소망의 인내에 문제가 생긴 것이다. 몇 가지 질문이 생겼다. '우리보다 먼저 죽은 사람들은 어떻게 되는가? 그렇다면 우리들은 어떻게 되는가? 주님의 날은 도대체 언제 오는 것인가?' 이런 궁금증에 대해 바울은 친절하게 하나하나 대답해 준다(4:13-5:5). 또한 그들은 열렬히 소망했지만, 바르게 소망하지는 못했다. 미래에 대한 기대로 가득 차 있었지만, 그러한 기대로 현재를 살아가는 법을 알지 못했다. 그래서 바울은 바르게 소망하고 바르게 종말을 기다리는 방법에 관해서도 말한다(5:6-11). 술 취한 것처럼 몽롱한 상태가 아니라 "깨어 있으며, 정신을 차립시다" 하고 권면한다(6, 8절).

이제 바울은 모든 이야기를 마치고, 다시 한번 "믿음과 사랑을 가슴막이 갑옷으로 입고 구원의 소망을 투구로" 쓰라고 권면한 뒤(8절) 마지막 인사를 하고 편지를 갈무리한다(5:12-28).

마지막으로 다시 강조하고 싶은 것이 있다. 바울은 데살로니가 교회 성도들의 삶에 관심이 매우 컸고, 그들이 삶의 자리에서 겪었던 다양한 고난, 어려움, 문제를 바탕으로 그들에게 편지를 썼다. 그래서 바울의 권면은 추상적이지 않고 하나하나가 실제적이다. 그러므로 데살로니가전서를 잘 읽는 방식은 이 편지를 그들의 삶과 구체적으로 연결하고, 더 나아가 이를 우리의 삶과 구체적으로 연결하는 것이다.

◯◯◯ 함께 **나누어** 보기

1 바울이 목회자로서 당시 교회 상황에 대한 반응으로 편지를 보낸 것이 맞는가? 정말 그렇다면, 우리는 바울의 편지를 어떻게 읽어야 할까?

2 지금까지 읽은 내용을 토대로 우리가 바울에게 편지를 쓴다면, 어떤 내용을 담겠는가? 한 번 바울에게 손 글씨로 편지를 작성해 보자.

바울, 마케도니아에 가다

초판 발행_ 2023년 9월 13일

지은이_ 정은찬
펴낸이_ 정모세

펴낸곳_ 한국기독학생회출판부
등록번호_ 제2001-000198호(1978.6.1)
주소_ 04031 서울시 마포구 동교로 156-10
대표 전화_ (02)337-2257 팩스_ (02)337-2258
영업 전화_ (02)338-2282 팩스_ 080-915-1515
홈페이지_ http://www.ivp.co.kr 이메일_ ivp@ivp.co.kr
ISBN 978-89-328-2187-0

ⓒ 정은찬 2023

책값은 뒤표지에 있습니다.
무단 전재와 복제를 금합니다.